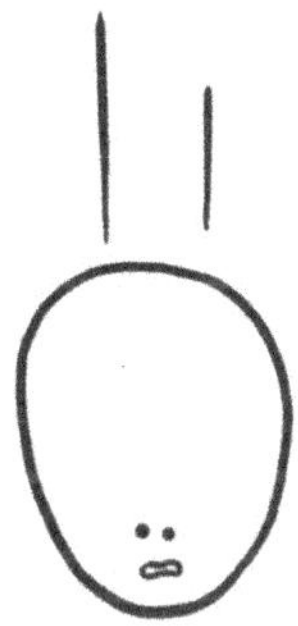

D'OÙ VIENNENT LES BONNES IDÉES ?

Réalisation de la couverture : Dubble Deez Agency

ISBN : 978-2-35456-385-1

Texte et illustrations de
Juliette Brun

D'OÙ VIENNENT LES BONNES IDÉES ?

Comprendre les mécanismes du cerveau
pour trouver des idées facilement,
seul ou à plusieurs

diateino

À mes parents

Sommaire

Préface d'Albert Moukheiber

La créativité est un enjeu majeur du monde actuel. Depuis les années 1990, on assiste à une vague de réunions de «brainstorming» et d'encouragement à penser «*outside the box*». Il faut innover, inspirer, créer du neuf. Cela a aussi entraîné une explosion de livres qui promettent de libérer la créativité dormante en chacun, de vivre de sa créativité, ou qui donnent des astuces pour devenir plus créatif, souvent au prix de la complexité du sujet.

En effet, la recherche en sciences cognitives sur la créativité est encore loin d'élucider la question. Certains chercheurs défendent même l'hypothèse que nous sommes incapables de créer du nouveau, que la créativité serait juste l'acte de recombiner des éléments familiers dans une structure nouvelle. Cela n'enlève rien à la capacité fascinante de notre cerveau de pouvoir faire cela, car notre monde est tellement divers que les combinaisons qui sont à notre disposition sont presque infinies.

Pour vous donner un exemple, prenez le Rubik's cube. Il a 6 faces de couleurs différentes qui sont divisées en 9 petits carrés. Rien qu'avec ce petit objet anodin, vous pouvez avoir 43 252 003 274 489 856 000 permutations uniques pour une seule solution ! Trouver une méthode ou des astuces pour être créatif est donc une sorte de non-sens tant la tâche peut être complexe. Mais surtout, ces techniques écrasent ce qui rend le sujet fascinant. S'il suffisait de faire une réunion à 15 personnes pendant 3 heures pour résoudre un problème difficile – les fameux brainstormings – pour être « créatif », qu'est-ce que cela dirait de notre espèce qui a été contrainte de se développer dans un environnement hostile pendant des millénaires ? Notre intellect a dû découvrir les règles du monde naturel pour comprendre le déplacement des astres, le rythme des marées pour naviguer sur le globe, le fonctionnement de notre organisme pour se soigner, ou maîtriser l'agriculture pour pouvoir subsister à nos besoins. Toutes ces notions, et bien d'autres, ont nécessité de l'innovation, de la créativité et des recombinaisons, parfois sur des siècles, en faisant de nombreuses fausses routes pour réussir à les cerner. La créativité est un processus long, sinueux et semé d'embûches qui, trop souvent, est présenté comme linéaire et facilement abordable.

Vous l'aurez bien compris, je suis assez méfiant des livres, ateliers et astuces sur l'innovation ou la créativité... Toutefois, cela ne veut pas dire que nous ne pouvons rien faire pour nous aider à avoir de bonnes idées. Il faut garder en tête que cela implique souvent une compréhension du fonctionnement de notre raisonnement, des obstacles qui peuvent nous empêcher de penser différemment et des éventuelles pistes pour dépasser ces obstacles. Suivre uniquement les « méthodes » inculquées se révèle souvent inefficace et finit par frustrer quiconque sentant qu'il ne devient pas plus « créatif » malgré les efforts fournis. Aussi, l'innovation est souvent *contextuelle* : si je me mets à apprendre des notions dans le domaine des objets connectés, cela ne me servira pas nécessairement pour être créatif ailleurs. C'est pourquoi les compétences ne sont pas *transférables* : une certaine expertise est requise pour pouvoir engager telle ou telle compétence.

La créativité et l'innovation sont donc bien plus complexes qu'on ne le laisse souvent entendre. Ainsi, lorsque Juliette Brun m'a contacté pour écrire la préface de son ouvrage sur la créativité, le moins que l'on puisse dire, c'est que j'étais assez méfiant ! Mais, étant donné que je travaille sur le doute de soi, je me suis dit qu'il fallait quand même la rencontrer, jeter un coup d'œil à ce que je croyais être un énième livre d'astuces pour être plus « créatif ». Vous vous doutez bien que si vous êtes en train de lire ces mots, c'est que je m'étais trompé !

On s'est installés dans un café pour que Juliette m'explique son raisonnement et sa manière d'aborder le sujet; mais ce qui m'a surtout interpellé, c'est qu'elle m'a tendu son ouvrage *imprimé*. J'étais assez perplexe. Je ne comprenais pas pourquoi elle me demandait d'écrire une préface d'un livre qui existait déjà. C'est alors qu'elle m'a expliqué qu'elle avait écrit, édité et imprimé une quinzaine d'exemplaires d'une première version du livre toute seule. Elle avait monté une campagne de financement participatif, réalisé elle-même toutes les illustrations, la couverture, ainsi qu'un joli logo d'une maison d'édition fictive représentée par trois cavaliers sur leur monture. Son livre en poche, elle avait, par la suite, réussi à trouver une « vraie » maison d'édition pour pouvoir proprement diffuser son travail.

J'étais impressionné par sa détermination, mais aussi par ses processus mentaux pour faire naître ce livre. J'avais l'impression qu'elle incarnait, d'une certaine manière, les notions qu'elle présentait dans son ouvrage. Ce ressenti a été confirmé lorsque j'ai commencé à lire son travail. Dès les premières pages, on retrouve certaines des hypothèses principales de la recherche autour de l'innovation : le hasard versus la créativité intentionnelle. Au fil des pages, de manière naturelle, le lecteur est exposé aux différents modèles théoriques sur la créativité : la fixation, les modèles heuristiques, les différences entre idées et connaissances… Le tout agrémenté d'exercices pratiques et ludiques qui rendent ces notions très accessibles sans compromettre les défis et obstacles qui les rendent intéressantes.

Juliette Brun réussit à relever le défi de trouver le juste équilibre entre rendre un sujet abordable, tout en nous exposant aux difficultés inhérentes à celui-ci. Dans ce livre, les notions développées sont sourcées de manière à ce que les lecteurs puissent approfondir leurs connaissances. Les jeux, illustrations et casse-têtes (qui en feront rager plus d'un !) rendent la lecture agréable pour ceux qui souhaitent s'informer sur les leviers psychologiques autour de ce Graal que sont les fameuses *bonnes idées*.

Albert Moukheiber

CHAPITRE 1

Chasseurs d'idées

Un trésor bien enfoui

Comme le prouve l'histoire des inventions, l'échec est une source intarissable de progrès. Couplé à la persévérance, il nous permet d'explorer de nouvelles idées, d'alimenter notre créativité et de favoriser les découvertes inattendues. Thomas Edison l'avait bien compris : lors de ses premiers essais d'ampoules à incandescence, la lumière ne brillait qu'une dizaine d'heures seulement. L'inventeur aurait alors testé plus de six mille matières végétales différentes avant de découvrir que le bambou du Japon lui permettait de fabriquer des filaments dont la durée de vie dépassait le millier d'heures. Commentant son travail, il aurait prononcé une phrase, restée célèbre depuis : « Je n'ai pas échoué, j'ai juste trouvé dix mille solutions qui ne fonctionnent pas. »

De la même façon, les chasseurs d'idées se caractérisent par leur persévérance dans l'exploration d'alternatives originales et dans la recherche d'idées nouvelles. Souvent passionnés, ils sont capables d'imaginer des objets extraordinaires et inédits. Mais ce n'est pas pour autant un don inné : l'exploration de nouvelles idées est au contraire une faculté qui peut s'apprendre et se cultiver.

Ressource rare, parfois difficile à capturer, la bonne idée est souvent fantasmée. Ingrédient de base de la créativité individuelle et fondement de nos capacités d'innovation collectives, la production d'idées nouvelles est aujourd'hui devenue la quête de nombreuses start-up et de grandes entreprises. Mais avoir de bonnes idées, leur donner vie et les diffuser est une ambition encore plus largement partagée : dans le cadre de nos activités professionnelles comme personnelles, en développant nos expertises ou encore en pratiquant nos passions, nous avons tous une appétence naturelle pour la découverte de nouveaux phénomènes, l'exploration d'idées originales et la proposition de solutions inédites. Et que nous soyons en pratique radicalement créatifs ou non, il y a toujours une part de nous qui rêve encore d'explorer et d'inventer.

Plus encore, la génération d'idées innovantes se révèle indispensable pour résoudre les problématiques complexes auxquelles l'humanité se trouve aujourd'hui confrontée. L'Organisation des Nations Unies résume ces enjeux sous la forme de dix-sept objectifs de développement durable, parmi lesquels comptent notamment la lutte contre les changements climatiques, la préservation de la qualité des sols et de l'eau, l'égalité des sexes ou encore la bonne santé et le bien-être de tous... Autant de bonnes raisons d'avoir de bonnes idées et de mettre en œuvre toute notre ingéniosité.

Au cœur de nombreuses convoitises, la production d'idées nouvelles est ainsi depuis longtemps désirée de tous. Au quotidien, elle se cache sous de nombreux noms, de l'idéation à la création, en passant par l'innovation, la conception, la découverte, ou encore l'invention. Cependant, sa mécanique se révèle bien plus mystérieuse qu'il n'y paraît, et son résultat demeure pour le moins incertain : près de 40 % des start-up ne survivent pas plus de cinq ans après leur création, et l'investissement en R&D des entreprises n'est en rien corrélé à leur capacité d'innovation. Par ailleurs, nous peinons à apporter collectivement des réponses satisfaisantes aux grands enjeux du développement durable[1]. Aussi semble-t-il souvent difficile, à

1. Plusieurs facteurs expliquent bien sûr cette peine à atteindre les objectifs de développement durable, par exemple, la difficulté à initier des changements de comportements pérennes, ou encore certains choix politiques de nos États. Dans de nombreux cas, nous avons des solutions à apporter, mais c'est leur mise en œuvre et leur diffusion qui posent souci. Dans d'autres cas, les solutions satisfaisantes sont tout simplement absentes et le phénomène de fixation (présenté au chapitre 4 de cet ouvrage) joue sans doute un rôle significatif dans notre difficulté à les trouver.

l'échelle d'un individu, d'une entreprise ou d'un État, de générer des idées originales, de piloter la créativité ou encore d'orienter l'innovation dans une direction souhaitée. Parfois, des secteurs entiers se retrouvent ainsi orphelins, en mal de bonnes idées. Ce fut par exemple longtemps le cas du secteur de l'aide à l'autonomie des personnes âgées, pour lequel, jusqu'à récemment, la plupart des nouveaux produits correspondaient à des dispositifs permettant d'alerter en cas de chute : prenant le plus souvent la forme de colliers ou de bracelets, ces dispositifs étaient très stigmatisants pour les personnes âgées et peu satisfaisants. Pourtant, les bénéficiaires de l'innovation étaient clairement identifiés, le besoin de nouveauté était évident et le secteur disposait des moyens financiers pour développer de nouveaux produits grâce à de nombreuses aides régionales, nationales et européennes.

Outre les arguments classiques organisationnels ou économiques, il faut donc chercher une autre explication à cette pénurie de bonnes idées. Et cette dernière pourrait bien incriminer un partenaire bien connu de la créativité : notre cerveau.

Notre cerveau, au cœur de la recherche d'idées

Il ne représente que 2 % de notre corps, pourtant c'est une puissante machinerie, aussi complexe que mystérieuse. Notre cerveau contiendrait près de cent milliards de neurones et, en raison du rôle central qu'il occupe, consomme à lui seul en moyenne 20 % de notre énergie. Parmi ses tâches quotidiennes, on compte notamment la mémoire, la motricité, le langage ou encore le calcul. Et la gestion de chacune de ces tâches s'effectue à très haute vitesse : dans nos méninges, l'information circule au sein des fibres nerveuses à la vitesse de 120 mètres par seconde, soit 430 km/h ! Mais le fait de guerre le plus impressionnant de notre cerveau tient sans doute dans sa capacité à générer des idées nouvelles, et parfois très innovantes : il est en effet le principal moteur de notre créativité.

Si nous arrivons aujourd'hui à mieux comprendre comment opère la mémoire ou encore la prise de décision, la mécanique subtile de la génération d'idées pourrait bien, elle aussi, nous livrer quelques-uns de ses mystères. En comprendre ses rouages constitue toutefois un véritable défi, et ce d'autant plus qu'en matière de production d'idées nouvelles, notre cerveau se montre – par nature et bien malgré lui – particulièrement peu inventif. Cette paresse créative est d'ailleurs tellement présente que les scientifiques lui ont donné un nom : la « fixation ». Cet effet de fixation est à l'origine des principales difficultés que nous rencontrons en créativité et en innovation. Il est l'ennemi numéro 1 des brainstormings et autres séances de génération d'idées. Pour avoir un aperçu de la façon dont il opère, essayez par exemple de résoudre le problème suivant, appelé

« problème des allumettes ». Dans ce problème, quatre allumettes sont disposées en croix selon la configuration dessinée ci-après. L'objectif est de former un carré en bougeant seulement une allumette.

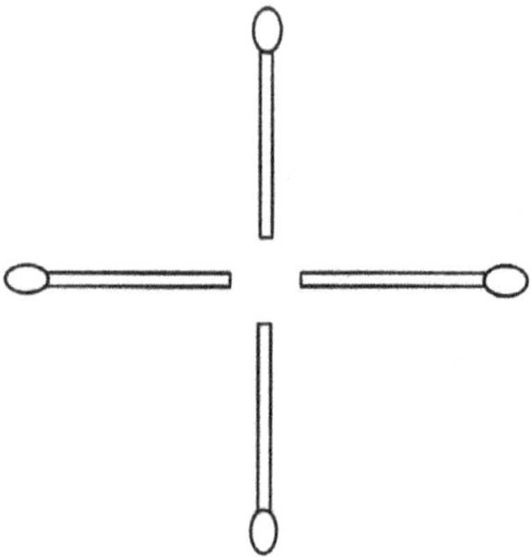

Prenez un peu de temps pour essayer différentes configurations... Arrivez-vous à recréer le carré ?

La solution au problème consiste à déplacer l'allumette de droite pour la disposer au-dessus de l'extrémité de l'allumette de gauche, à la verticale... Vous y êtes ? Vous venez de former le chiffre quatre, un carré au sens mathématique[1]. Quand nous réfléchissons à l'énoncé,

1. Un carré mathématique est un nombre qui correspond au produit d'un autre nombre par lui-même : en d'autres termes, A est un carré s'il existe B, tel que $A = B \times B = B^2$. On dira alors que A est le carré de B. Le chiffre 4 est ainsi le carré de 2 ($4 = 2 \times 2 = 2^2$).

notre cerveau est souvent automatiquement fixé sur le sens géométrique du mot « carré » et il oublie d'envisager d'autres sens possibles avant de se lancer dans la résolution du problème. Ces mêmes effets de fixation opèrent quand nous souhaitons imaginer quelque chose de radicalement nouveau : nous nous retrouvons rapidement fixés par ce qui nous est familier, et il devient difficile de formuler des propositions qui s'éloignent du domaine du connu.

Pour se décaler, innover et explorer ce qu'il ne connaît pas encore, notre cerveau a donc besoin d'un petit coup de pouce. Heureusement, nous verrons que quelques astuces suffisent pour l'aider à se « défixer ». En plus de lutter contre sa paresse créative, il lui faudra être capable de détecter rapidement, parmi l'ensemble des idées qu'il peut générer, les « bonnes » idées, c'est-à-dire, les idées à fort potentiel. Là encore, cet exercice se révèle loin d'être intuitif.

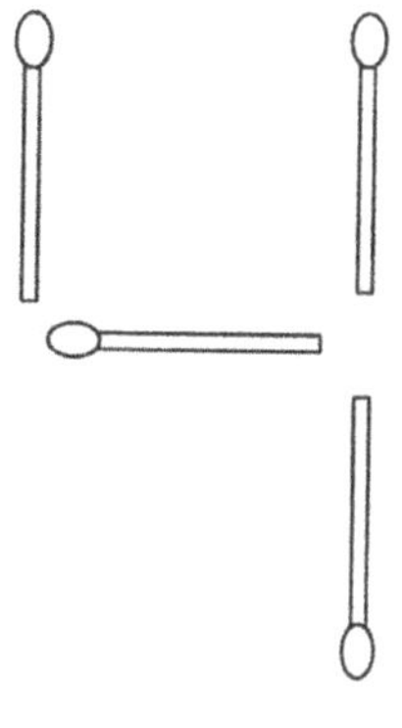

Détecter les bonnes idées

Tout bon chasseur d'idées ne saurait commencer sa quête sans avoir une bonne connaissance de ce qu'il lui faut trouver. Une idée doit en effet remplir un certain nombre de conditions pour prétendre au titre de « bonne » idée ou d'idée « innovante ». La première d'entre elles – et peut-être la moins évidente à évaluer sans disposer des repères adéquats – est de présenter une rupture par rapport au connu : l'idée innovante doit apporter quelque chose de nouveau par rapport à tout ce que nous connaissons déjà. Prenons l'exemple de la LoveBox : présentée par ses inventeurs comme une « boîte à amour connectée », cette petite boîte en bois permet de recevoir des messages envoyés depuis une application mobile.

Lorsque la Box réceptionne un message, son cœur se met à tourner. La missive se cache alors à l'intérieur de la boîte, sous son couvercle. Une fois le message découvert, son destinataire n'aura plus qu'à faire pivoter le cœur pour envoyer à l'auteur du message une pluie de cœurs sur son téléphone. Si la valeur de ce produit est parfois difficile à percevoir pour celui qui le découvre pour la première fois, la LoveBox présente cependant une rupture par rapport au connu : il s'agit d'une nouvelle façon d'envoyer des messages d'amour à son entourage, à l'aide d'un média radicalement différent de la lettre et du téléphone.

Pour être considérée comme innovante, une idée doit ainsi se détacher du connu pour appartenir au « nouveau ». Les objets qui en résultent apparaissent souvent un peu étranges, difficiles à décrire, et leur valeur n'est pas toujours évidente à percevoir. S'il y a quelques minutes la LoveBox vous était peut-être encore totalement inconnue, il y a quelques années, elle était aussi un produit inconnu pour ses inventeurs : alors que nous avons des difficultés à décrire et à comprendre un nouvel objet une fois qu'il existe, imaginez les difficultés auxquelles est confronté l'inventeur ou la start-up qui doit être capable de parler d'un objet encore inconnu. En effet, mobiliser des collègues ou des investisseurs peut devenir un véritable défi lorsque les mots pour décrire ce que l'on conçoit, ainsi que les critères pour l'évaluer, n'existent pas encore. Dans cet ouvrage, vous verrez que l'innovation consiste en une exploration dans l'inconnu qui peut être facilitée à l'aide d'outils et de méthodes. Si l'on pense souvent que le hasard joue une part importante dans l'invention et la découverte, vous découvrirez qu'avoir de bonnes idées est, au contraire, une compétence qui peut s'apprendre et s'entretenir. Par ailleurs, le raisonnement mené pour imaginer de nouvelles idées ne saurait être un raisonnement autocentré : en effet, si toute innovation naît du cerveau de l'inventeur, elle est nécessairement destinée à être adoptée par un ou plusieurs usagers. Le raisonnement à l'origine d'une bonne idée doit donc être radicalement ouvert sur le monde qui nous entoure, et surtout prendre le temps de connaître un acteur fondamental de l'innovation : son destinataire.

Le destinataire : quand la bonne idée devient innovation

Comme tout trésor enfoui, l'idée nouvelle a pour vocation d'être découverte et partagée ; en d'autres termes, elle a pour vocation de devenir une innovation. Si l'innovation est aujourd'hui devenue une notion un peu fourre-tout – du griffonnage brouillon d'un scientifique à la création d'une start-up, en passant par la naissance d'un nouveau concept en art –, elle désigne communément une invention qui a rencontré un marché. Ainsi, l'innovation ne sera pas n'importe quelle idée nouvelle, mais une idée nouvelle à succès, adoptée par un ou plusieurs types d'usagers (les 12-25 ans, les seniors, les fans de nouvelles technologies, l'industrie automobile ou encore les mairies). Le destinataire de l'idée innovante pourra alors prendre de nombreux noms. Un nouveau jus de fruits sera par exemple destiné à des « consommateurs », une offre de conseil à des « clients », un nouveau site internet à des « utilisateurs », un service de vélos en autopartage à des « usagers », et un nouveau spectacle à un « public ». Mais la bonne idée ne deviendra innovation que lorsqu'elle aura atteint son destinataire.

Ce dernier n'est cependant pas toujours connu à l'avance. Quelques idées nouvelles, comme Twitter, ont été lancées sans que leurs cibles et leurs usages aient été déterminés à l'avance de façon précise. Il existe ainsi quelques innovations que l'on pourrait qualifier de « bouteilles à la mer » et qui ont su trouver un chemin vers un destinataire qui n'était pas préalablement défini. Ce destinataire peut également changer au fur et à mesure de la conception du nouvel objet et au gré de sa diffusion. Par exemple, la LoveBox – à l'origine, pensée pour les amoureux – a également été adoptée par des parents souhaitant envoyer des messages à leurs enfants, par des adolescents désirant communiquer avec leurs grands-parents un peu réticents à l'adoption du portable, ou encore par des hôtels souhaitant susciter l'enchantement de leurs clients.

Dans certains cas, le destinataire peut même largement dépasser son rôle de récepteur de l'innovation, pour devenir à son tour concepteur. La marque « C'est qui le patron ?! » invite ainsi ses consommateurs à exprimer leurs attentes en termes de nouveaux produits afin de pouvoir leur proposer une brique de lait ou encore une pizza qui soient davantage conformes à ce qu'ils souhaitent effectivement consommer. Le choix des consommateurs se porte alors le plus souvent sur des produits locaux sans OGM, ainsi que sur une rémunération du producteur au juste prix. D'une tout autre façon, nous jouons également le rôle de concepteur lorsque nous créons une paire de baskets customisée sur des sites internet tels que Nike By You.

Innover consiste ainsi à imaginer des idées nouvelles et pertinentes pour un ou plusieurs destinataires. Outre la capacité à produire des idées, l'observation des usagers potentiels et la construction d'un lien d'empathie avec ces derniers jouent également un rôle crucial en innovation. Aujourd'hui, certains produits sont d'ailleurs conçus spécifiquement dans le but d'aider leurs destinataires à exprimer leurs attentes, à renforcer leur créativité au quotidien et à imaginer de nouveaux produits et usages. Mais avant de déléguer aux objets le renforcement de nos capacités créatives et conceptrices, il est heureusement possible d'apprendre facilement à trouver soi-même de bonnes idées. En effet, si dans ce domaine le hasard et la chance tiennent parfois une place importante, l'expérience montre cependant que la clé de notre créativité réside avant tout dans notre proactivité.

Créativité, conception, innovation... quelle est la différence ?

La créativité, la conception et l'innovation désignent toutes trois des activités centrées autour de la génération d'idées nouvelles. Elles correspondent cependant à des notions différentes, bien qu'étroitement mêlées :

- La **créativité** désigne notre faculté à générer des idées à la fois variées et originales.
- La **conception** correspond à l'activité par laquelle on imagine et on produit un objet. Le mot « objet » est ici employé au sens large : il peut désigner un produit, un service, une œuvre d'art, un concept, ou encore un projet de recherche. Par ailleurs, l'objet conçu ne sera pas toujours radicalement innovant. S'il est totalement nouveau, sa conception pourra alors être qualifiée d'« innovante », mais l'objet ne sera pas pour autant une « innovation », simplement une « invention ». Par exemple, l'autocuiseur conçu par Denis Papin en 1679 était une invention, mais c'est Seb qui en a fait une innovation en le commercialisant avec succès en 1953.
- L'**innovation** désigne une invention qui a trouvé son marché, c'est-à-dire, qui a été adoptée avec succès par un ou plusieurs types d'utilisateurs. Certaines inventions – à l'instar du véhicule électrique qui existe depuis le début des années 1900 – ont ainsi dû attendre longtemps avant de pouvoir être qualifiées d'« innovations ».

En résumé, la créativité permet de produire des idées, la conception désigne à la fois la production de l'idée et la façon dont elle est incarnée dans un objet (produit, service ou usage), et l'innovation englobe à la fois l'idée, l'objet qui l'incarne et son marché. Chaque fois, une couche supplémentaire se rajoute, mais le cœur de ces trois notions, l'étape qui demeure indispensable, reste bien la capacité à générer des idées nouvelles et originales.

CHAPITRE 2

La bonne idée « par hasard » : mythe ou réalité ?

Des champignons pour le moins inspirants

En 1928, le médecin et biologiste britannique Alexander Fleming mène une série d'expériences sur les propriétés du staphylocoque (une bactérie potentiellement pathogène[1]) lorsqu'il découvre à son retour de congés que ses cultures bactériennes ont été contaminées par une moisissure. Observant plus attentivement ses boîtes de Pétri, il constate que

1. Les staphylocoques sont une famille de bactéries possédant une vingtaine d'espèces. Certaines d'entre elles, comme le staphylocoque doré, peuvent être responsables d'infections chez l'homme. Ces espèces sont alors qualifiées de « pathogènes ».

cette dernière est entourée d'un halo vierge de toute bactérie. Fleming en déduit alors que la moisissure pourrait avoir la capacité d'empêcher le staphylocoque de se développer.

Après une étude plus approfondie de ce champignon appartenant à la famille du pénicillium, Fleming confirme qu'il émet en effet une substance capable de stopper la prolifération bactérienne. Il découvre ainsi un nouvel antibiotique : la pénicilline.

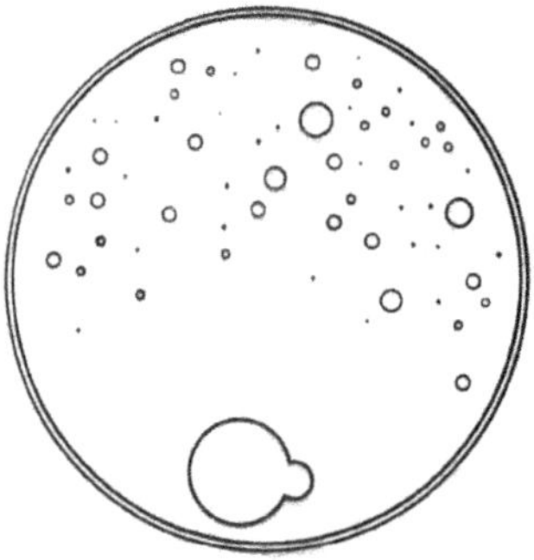

La pénicilline est un exemple emblématique d'invention ayant la réputation d'avoir été découverte par hasard. On attribue en effet à la chance ou à l'accident l'origine de multiples découvertes comme celle du Velcro, du Post-it, de l'aspartame ou encore des bêtises de Cambrai. Et lorsqu'il est fait référence à ces idées nouvelles auxquelles le hasard a donné un petit coup de pouce, un mot étrange revient souvent : la « sérendipité ». Aujourd'hui très à la mode, la sérendipité se retrouve couramment associée à la chance, à l'erreur ou encore à l'accident. Véritables « *success stories* » de l'innovation, les découvertes par sérendipité semblent ainsi nous enseigner qu'il faut savoir laisser un peu de place au hasard pour trouver de bonnes idées... Mais ne nous y trompons pas : cela ne signifie pas pour autant que l'on peut arrêter de penser !

Il était une fois la sérendipité

Pour mieux comprendre comment opère véritablement la sérendipité et quelle place elle réserve au raisonnement, il est nécessaire de revenir aux origines mêmes de ce concept. Utilisé pour la première fois en 1754 par l'écrivain et homme politique britannique Horace Walpole, le mot « sérendipité » désigne selon son auteur la faculté de découvrir « par sagacité et par hasard » ce que l'on ne cherchait pas. Lorsque Walpole utilise pour la première fois ce terme, il explique qu'il lui a été inspiré par un conte oriental : l'histoire des princes de Serendip[1].

Dans ce conte, le roi de Serendip envoie ses trois fils parcourir le monde. En traversant une contrée étrangère, les princes croisent sur leur route un marchand qui déclare avoir perdu l'un de ses chameaux. Il leur demande si, par hasard, ils n'auraient pas aperçu

1. Serendip est l'ancien nom persan de l'actuel Sri Lanka.

l'animal. À la grande surprise du chamelier, les trois princes commencent alors à décrire avec précision le chameau égaré : l'animal serait borgne, boiteux, chargé de miel d'un côté et de beurre de l'autre. Le marchand, soulagé, leur demande la direction prise par le chameau et repart aussitôt à sa recherche. Mais ses efforts pour le trouver n'aboutissent pas. Pourtant, si les trois voyageurs ont su si bien décrire son chameau, il ne fait absolument aucun doute qu'ils l'ont bien croisé peu de temps auparavant. L'animal étant introuvable dans les environs immédiats, le marchand conclut bientôt que les princes l'ont dupé et qu'ils lui ont en réalité dérobé l'animal. Ainsi, soupçonnés de vol, les trois voyageurs sont conduits auprès de l'empereur de la contrée pour être jugés. Interrogés par le souverain, les princes expliquent alors qu'ils n'ont en réalité jamais croisé le chameau du marchand. En revanche, quelques indices laissés sur le chemin les ont aidés à brosser le portrait de cet animal qu'ils n'avaient jamais vu : le chameau devait être borgne car ils ont remarqué que de l'herbe avait été broutée uniquement d'un côté du chemin, bien que cette dernière semblât meilleure de l'autre côté. Il devait être boiteux car les traces laissées par l'un de ses pieds étaient moins marquées dans le sol. Enfin, l'animal devait porter d'un côté du miel et de l'autre du beurre, en raison de la présence d'abeilles et de fourmis le long du chemin. À ce moment précis, un étranger fait irruption dans la salle du trône en déclarant avoir vu le chameau errer dans le désert ;

les trois princes sont alors immédiatement graciés, et l'empereur, impressionné par leur grande sagacité, leur proposera même de devenir ses conseillers impériaux.

Ainsi, si les princes de Serendip ont effectivement contribué à la découverte d'un animal qu'ils n'avaient pas cherché, ce n'est pas tant le fruit du hasard que le résultat de leurs capacités d'observation et de déduction. La sérendipité, art des princes de Serendip, conjugue donc à la fois hasard et raisonnement.

Hasard versus raisonnement

En fonction du rôle joué par cette fameuse sagacité, il est par ailleurs possible de distinguer deux types d'inventions sérendipiennes :

1. La découverte par accident, où le raisonnement joue un rôle mineur.
2. L'invention par sagacité, au cours de laquelle le raisonnement prend une part plus importante.

Parmi les découvertes accidentelles, on peut notamment citer la création des bêtises de Cambrai. Il existe différentes versions expliquant l'origine de cette confiserie apparue au XIXe siècle. Selon la plus célèbre, un apprenti confiseur de la ville de Cambrai commet un jour une maladresse lors de la préparation de ses berlingots : il fait tomber accidentellement de la menthe dans sa préparation. Afin de camoufler son erreur, il tire sur la pâte jusqu'à ce que cette dernière blanchisse, la gonflant involontairement de bulles d'air et la rendant ainsi particulièrement moelleuse. Le lendemain, les confiseries sont mises en vente, et ce qui était à l'origine une maladresse remporte un vif succès. Dans cette histoire, on remarque que la sagacité et le raisonnement tiennent un rôle mineur en comparaison de l'accident.

À l'inverse, la naissance de certaines bonnes idées repose moins sur le hasard que sur les capacités d'observation et de déduction de leur auteur. C'est notamment le cas du Velcro, la fameuse bande « scratch » qui orne de nombreuses baskets. Inventé par un ingénieur français, le Velcro constitue un très bel exemple de bio-inspiration, une inspiration venue directement de la nature. En 1941, à la suite d'une partie de chasse en forêt, George de Mestral s'affaire à retirer des graines de bardane restées accrochées aux poils de son chien. Ce faisant, il se met en tête de comprendre pourquoi ces dernières s'y agrippent si bien. De retour chez lui, il place alors les graines sous son microscope et constate qu'elles possèdent de minuscules crochets déformables. Ces crochets très flexibles permettent à la graine d'accrocher les matières fibreuses, mais également, d'en être très facilement retirée. L'ingénieur imagine alors un système composé de deux bandes : l'une comportant de minuscules crochets de nylon, l'autre, des boucles de fil. Mises en contact, les deux bandes se lient l'une à l'autre de façon amovible. De Mestral nommera plus tard son invention « Velcro » par contraction des mots « velours » et « crochet ». Pour cette invention, le raisonnement prend donc une place au moins aussi importante que le hasard.

Alors que la naissance des bonnes idées est très souvent associée à la chance et à l'erreur, nos capacités d'observation, de déduction et de création jouent ainsi un rôle plus important qu'il n'y paraît. L'idée innovante n'est que rarement le seul fruit du hasard : elle résulte au contraire d'un raisonnement qu'il est possible de modéliser, et même de favoriser. Il serait alors bien dommage d'attendre l'arrivée d'un heureux hasard sans chercher à le provoquer...

Un vrai remue-méninges !

Certes, la chance ne suffit pas à faire naître de bonnes idées, le raisonnement que nous mettons en œuvre pour traquer ces idées joue un rôle déterminant. Mais quel est l'intérêt d'un tel constat ? En effet, notre cerveau raisonne tous les jours pour accomplir des tâches diverses et variées. Nous réalisons une suite complexe d'opérations mentales chaque fois que nous devons prendre une décision, de la plus importante à la plus dérisoire : « Dois-je accepter ce nouveau poste ? Quel cadeau vais-je choisir pour l'anniversaire de mon conjoint ? Que vais-je prendre à la machine à café ? », etc. Si nous raisonnons en permanence, en quoi le mécanisme permettant d'explorer de nouvelles idées serait-il finalement plus problématique que celui qui nous fait hésiter entre un expresso et un cappuccino ?

Il se trouve que le remue-méninge, que nous mettons en œuvre afin de générer des idées est en réalité très différent de celui que nous enclenchons quand il s'agit de répondre aux questions précédentes. Ces dernières mobilisent en effet un raisonnement qui consiste à prendre une décision, c'est-à-dire, à faire un choix parmi des objets qui existent déjà : des livres sur un rayonnage, des films qui passent au cinéma, des boissons au distributeur automatique. Lorsque nous devons générer une idée nouvelle, il s'agit au contraire d'imaginer quelque chose qui n'existe pas encore, par exemple une nouvelle boisson, un vêtement intelligent ou encore une boîte à amour connectée. Ainsi, la prise de décision nous fera opérer un choix entre des objets que nous connaissons déjà, tandis que la génération d'idées nous fera explorer des possibilités qui nous sont encore inconnues (par exemple, une chaise *sans pieds*, un sac de luxe *solidaire*, un pansement *rassurant*, ou encore un bateau *volant*).

Or demander à notre cerveau d'explorer l'inconnu, c'est comme lui demander de s'engouffrer dans un labyrinthe : il ne sait pas trop par où commencer, quelle direction explorer en premier et il ne sait pas toujours prédire ce qu'il va trouver à l'arrivée. La seule chose qui est pour le moment certaine, c'est que son travail sera terminé lorsqu'il aura trouvé quelque chose de totalement nouveau. Et, sans surprise, le chemin que notre cerveau devra emprunter pour parvenir à ce résultat ne sera pas sans embûches.

CHAPITRE 3

Votre mission, si vous l'acceptez : renouveler le connu

Objets innovants non identifiés

Trouver une idée nouvelle est une mission délicate : il s'agit d'imaginer quelque chose qui n'existe pas encore. En d'autres termes, l'idée nouvelle est celle qui dépasse le domaine du connu, crée de l'inattendu, voire du « bizarre ». Voici quelques exemples d'objets étranges :

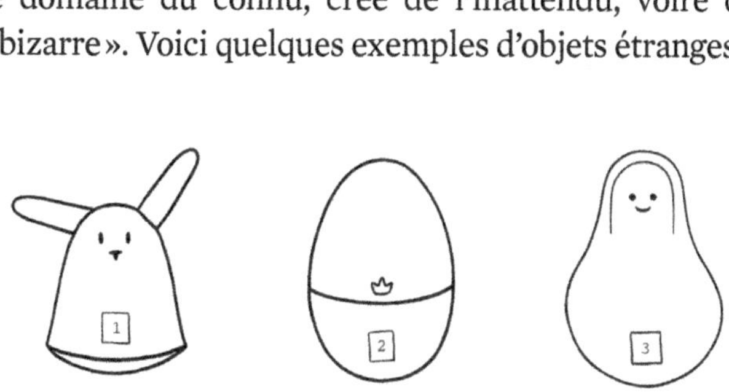

Lorsque l'on découvre ces objets pour la première fois, il est souvent difficile de savoir exactement ce qu'ils sont, ce qu'ils font, ou quelle est leur principale fonction. Leur identité nous paraît totalement nouvelle. Ce sont des ovnis ou, si vous préférez, des objets innovants non identifiés. Pour faciliter les présentations, vous trouverez en page suivante leurs fiches d'identité.

Le premier de ces ovnis est un Nabaztag: il s'agit d'un objet communiquant en forme de lapin... En apparence, le Nabaztag ne sait pas faire grand-chose: il peut émettre des sons, de la lumière et faire bouger ses oreilles. Cependant, il est possible d'en inventer de multiples usages: les versions les plus récentes peuvent par exemple diffuser de la musique ou encore lire des livres aux enfants. Il est même possible de communiquer avec une autre personne via Nabaztag interposés. Cet objet pour le moins étrange – édité à l'origine par la société Violet – est devenu depuis un produit culte, un emblème du monde du design.

Le deuxième produit ovni, baptisé « Mood », a été développé par une maison de luxe française: si de l'extérieur il ressemble à un gros œuf de Fabergé, moderne, lisse et tout en inox, il cache en réalité... une ménagère à couverts ! Son fabricant explique qu'avec le Mood, il n'est plus nécessaire de mettre le couvert: il suffit de poser le Mood sur la table pour qu'elle soit

Nom : Nabaztag
Hauteur : 23 cm (16 cm sans les oreilles)
Poids : 418 g
Forme : lapin
Couleur : blanc
Connexion internet : oui

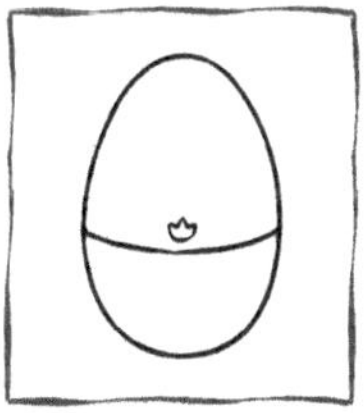

Nom : Mood
Hauteur : 30 cm (19,8 cm de diamètre)
Poids : ?
Forme : œuf
Couleur : argent
Connexion internet : non

Nom : Mother
Hauteur : 14 cm (9,9 cm de diamètre)
Poids : 1,2 kg
Forme : ?
Couleur : blanc
Connexion internet : oui

dressée. (Comptez tout de même plus de mille euros pour ne plus avoir à vous soustraire à cette corvée ménagère !)

Enfin, Mother, le troisième objet de notre liste a été imaginé par l'entreprise Sen.se. C'est un ravissant module blanc, en forme de poupée russe, qui est accompagné de quatre capteurs intelligents baptisés « cookies ». Collés sur des objets du quotidien, ces capteurs permettent de recueillir tous types de données. Ces dernières sont ensuite centralisées dans le module, traitées, et envoyées sur notre téléphone. En apposant un cookie sur une machine à café, nous pourrons par exemple suivre notre consommation hebdomadaire de café ou encore être prévenus quand notre stock de dosettes arrivera à épuisement. Un capteur placé dans un cartable permettra de vérifier que notre enfant est bien rentré de l'école. Enfin, un cookie sur le pilulier évitera d'oublier une prise de médicament ou bien de prendre la même pilule deux fois. Vous comprendrez facilement pourquoi cet objet pour le moins étrange a été baptisé « Mother » !

Ces trois produits ovnis présentent ainsi des propriétés étonnantes. Au moment de leur conception, ils ont été perçus comme radicalement nouveaux par rapport à ce qui existait avant eux : chacun constituait alors une rupture par rapport à l'identité des objets connus. Ils étaient le fruit d'idées innovantes, nouvelles et originales. Pour générer de bonnes idées, il est donc nécessaire de comprendre comment jouer avec cette identité des objets afin de la challenger et de mieux la renouveler.

L'identité des objets

Dans cet ouvrage, lorsque le mot « objet » est employé, il s'entend au sens large. Un objet est ainsi une « chose » : aussi bien un service (comme Uber), qu'un produit (tel que l'iPad), un concept (comme la relativité), ou encore un programme de recherche (tel que le programme Discovery de la Nasa). Quand on génère une idée, elle se réfère toujours à un ou plusieurs objets. Le but de l'idée est souvent de les améliorer, voire de les réinventer.

Chaque objet possède une identité qui lui est propre, un code génétique, en quelque sorte. Si l'on veut s'assurer d'avoir créé un objet totalement nouveau, il faut pouvoir vérifier que ce dernier est effectivement différent des objets qui existent déjà. Il est donc indispensable d'être capable de décrypter facilement la génétique des objets connus, d'identifier leur signature ADN. Décrire un objet revient par exemple à le rattacher à une famille d'objets (comme la famille des chaises, des ordinateurs ou encore des médicaments). Si vous ne parvenez pas à lui attribuer de famille, il y a de fortes chances que votre objet possède une identité radicalement nouvelle.

En théorie, il existe deux démarches pour décrire de façon simple l'identité d'un objet. Imaginez que vous deviez aider un enfant de 7 ans à déterminer si une coccinelle est, oui ou non, un coléoptère. Il n'aura probablement aucune idée de ce qu'est un coléoptère. Vous aurez alors deux possibilités. La première consiste à montrer à l'enfant plusieurs photos de coléoptères de toutes sortes (scarabées, hannetons ou encore ténébrions) : à partir de ces exemples, il se fera alors sa propre définition de ce qu'est un coléoptère et en déduira si la coccinelle en est un, ou non.

La deuxième possibilité ne met pas en œuvre de supports visuels : il suffit de lister à l'enfant les grandes caractéristiques de la classe des coléoptères (comme la présence d'ailes antérieures très dures – les élytres – permettant de protéger une autre paire d'ailes plus fragiles). Identifiant ces mêmes caractéristiques chez la coccinelle, il en déduira alors si la bête à bon Dieu fait partie ou non des coléoptères.

Dans le premier cas, vous réalisez ce que l'on appelle une « définition par extension », c'est-à-dire à partir d'un grand nombre d'exemples. Dans le deuxième cas, il s'agit d'une « définition par intention », construite à partir d'une liste de propriétés. Ces deux types de définition peuvent être employés pour décrire ou identifier un objet. Si, enfants, nous apprenons plutôt à définir un objet à partir d'exemples similaires, une fois adultes, nous nous tournons plutôt vers la définition par intention, préférant décrire la liste des caractéristiques ou des fonctions des objets. Les ingénieurs utilisent notamment ce type de listes pour dresser le portrait-robot d'un futur produit ou service grâce au traditionnel cahier des charges. Mais la définition d'une telle fiche d'identité est loin d'être évidente. Essayez par exemple de réaliser la liste des fonctions que doit remplir une station de bus. Il s'agit d'un objet familier que vous connaissez bien, mais son cahier des charges n'est pas pour autant intuitif. En voici quelques éléments :

- La station doit permettre de faciliter la montée et descente des passagers ;
- Elle doit donner des informations sur les horaires des bus ;
- Elle protège de la pluie les passagers qui attendent le véhicule.

À présent, essayez de réaliser le même exercice mais pour une station de bus de nuit... Les fonctions de la station de bus seront-elles exactement les mêmes ? La nuit, l'environnement de la station se modifie : les commerces sont fermés, il fait sombre, la station est moins fréquentée et il est bien plus facile de se sentir en insécurité. Une station de bus pourrait donc avoir de nouvelles fonctions prioritaires en environnement nocturne, comme un bon éclairage ou encore la possibilité de joindre les secours en cas de besoin.

En ajoutant deux mots (« de nuit ») à un objet du quotidien, nous transformons ainsi l'identité d'un objet qui nous est pourtant familier. Lorsqu'un inventeur, un concepteur ou un designer est chargé de trouver de nouvelles idées et d'imaginer de nouveaux objets, c'est précisément cet exercice de rédaction d'une toute nouvelle carte d'identité de l'objet qu'il lui faut réaliser.

Les cinq dimensions de l'identité d'un objet

Pour vous aider à aller plus loin dans la description d'un produit ou d'un service à concevoir, voici une présentation de cinq composantes fondamentales de l'identité des objets :

- **Les fonctions :** un objet – qu'il s'agisse d'un produit du quotidien, d'un procédé ou encore d'un programme de recherche – est toujours caractérisé par une ou plusieurs fonctions (À quoi sert-il ? Quels objectifs permet-il d'atteindre ?).
- **Les technologies :** un objet est également la somme d'une ou plusieurs technologies qui en assurent le bon fonctionnement. Ces dernières peuvent être intégralement ou partiellement incorporées dans l'objet.
- **La valeur :** la chaîne de valeur correspond à l'ensemble des acteurs impliqués dans la conception, la commercialisation ou encore l'usage de l'objet (ex : clients, fabricants, fournisseurs, distributeurs, usagers, partenaires, etc.). La valeur d'un objet englobe notamment les différents usages que lui prêtera le consommateur final.
- **Le business model :** un objet s'accompagne également d'un business model, c'est-à-dire d'une stratégie adoptée pour le monétiser, ou plus généralement, pour en extraire de la valeur. La valeur de l'objet peut ainsi se traduire en termes

économiques, environnementaux ou encore en termes d'image.

- **L'imaginaire :** un objet peut être associé aux différentes représentations, images et pratiques qu'il nous évoque. Par exemple, la vidéosphère conçue dans les années 1970 – une télévision en forme de casque d'astronaute – doit en partie son succès à ce clin d'œil à l'imaginaire spatial.

Renouveler l'identité d'un objet revient donc à modifier radicalement une ou plusieurs de ces dimensions. Lorsque la rupture d'identité est très forte, on parle alors d'« innovation radicale[1] ».

Changer d'identité : danger ou nécessité ?

Nous l'avons compris, proposer des idées innovantes revient à créer des identités nouvelles, à renouveler l'identité des objets connus. C'est un peu comme créer une nouvelle espèce animale, qui viendrait, par une logique darwiniste, coloniser certaines niches et remplacer les espèces existantes. L'ordinateur a ainsi remplacé la machine à écrire, et l'invention d'Internet a fait disparaître le Minitel... Rien de neuf sur la planète des objets !

1. Le lecteur pourra se reporter au « Petit lexique de l'idéation » en fin d'ouvrage (p. 167) pour approfondir cette notion.

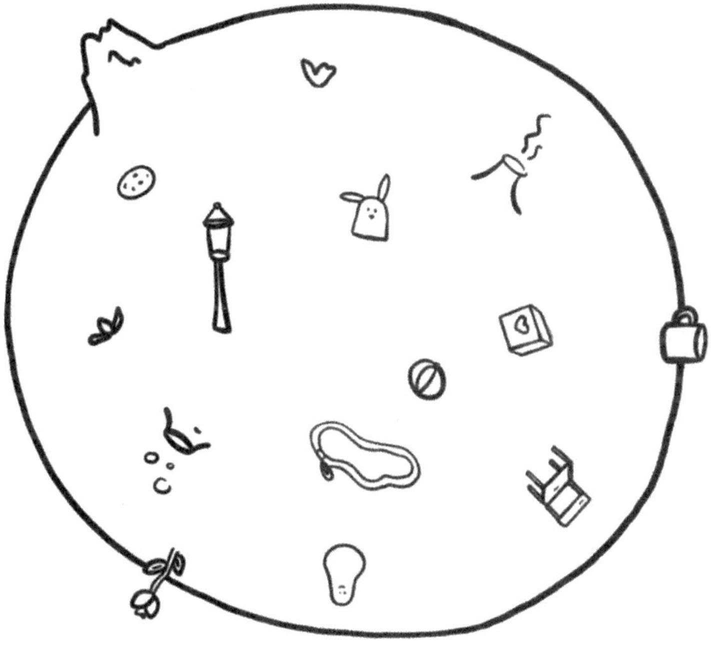

Remplacer d'anciens objets par de nouveaux n'est pour autant pas toujours souhaitable. C'est notamment le cas pour tous les objets qui relèvent du patrimoine ou de la tradition. Afin de protéger ces produits et savoir-faire que l'on ne veut pas voir disparaître, il existe des labels permettant de les distinguer pour prévenir leur disparition. En France, par exemple, le patrimoine culturel immatériel de l'humanité, créé par l'UNESCO en 2003, protège ainsi l'artisanat des tapissiers d'Aubusson ou encore la tradition du fest-noz breton. Les appellations d'origine protégée (AOP) et d'origine contrôlée (AOC) distinguent, quant à elles, de nombreux produits agro-alimentaires comme le piment d'Espelette ou le bleu d'Auvergne. Dans certains domaines, renouveler l'identité des produits n'est donc pas toujours indiqué, au risque de perdre un capital précieux.

Heureusement, ce renouvellement de l'identité ne se révèle pas nécessairement problématique et destructeur. Prenons l'exemple de la liseuse électronique : cette dernière constitue bien une rupture d'identité par rapport au livre papier. Plusieurs années se sont écoulées depuis l'apparition de la liseuse, mais le livre papier n'a pas pour autant disparu. Pourtant, le marché de la liseuse est prospère. Comment expliquer alors la cohabitation de ces deux espèces ? La liseuse constitue bien une nouveauté et présente de nombreuses propriétés inédites par rapport au livre : sa légèreté permet de l'emporter aisément en voyage, des dictionnaires intégrés permettent de lire facilement dans une langue étrangère, et sa neutralité permet de lire n'importe quel livre en toute discrétion. Dans le même temps, la liseuse a aussi perdu beaucoup de propriétés du livre papier : avec un livre numérique, aucune odeur de papier, pas de dédicace d'écrivain, ni de librairie ou de bibliothèque. Ainsi, les idées nouvelles ne sont pas toujours des substituts parfaits aux inventions d'hier : tantôt elles les complètent, tantôt elles permettent de cibler de nouveaux clients et de nouveaux usages.

Aussi paradoxal que cela puisse paraître, cette logique de renouvellement s'avère même parfois nécessaire pour conserver notre patrimoine et protéger la tradition. Dans le département français de Haute-Loire, le pays du Velay et le bassin du Puy sont entourés de massifs montagneux qui forment une barrière naturelle aux flux atmosphériques. En été, il en résulte un vent sec et chaud qui soumet les cultures de lentilles à un stress hydrique. Les lentilles ainsi déshydratées ne parviennent pas à maturité complète, ce qui leur confère des propriétés gustatives particulières : leur peau est plus fine, et leur chair peu farineuse. Du fait de ses caractéristiques exceptionnelles, la lentille du Puy bénéficie ainsi à la fois de l'AOC française et de l'AOP européenne. Ces deux labels ont encouragé les agriculteurs locaux à intensifier la culture de la lentille, et ce avec un succès tel que la région souffre aujourd'hui d'une faible biodiversité cultivée. L'absence d'autres espèces laisse alors place libre à la propagation d'un parasite face auquel la lentille ne fait pas le poids : *Aphanomyces* – un champignon pathogène qui colonise les racines des légumineuses. Si les agriculteurs continuent à cultiver la lentille du Puy avec une telle ferveur, il est possible que la fameuse légumineuse soit en passe de disparaître d'ici quelques années. Pour éviter que cela ne se produise, il est nécessaire de proposer des innovations agricoles qui permettront d'enrayer la colonisation d'*Aphanomyces*. Renouveler le connu peut ainsi se révéler indispensable pour protéger des ressources, des produits ou encore des savoir-faire relevant de la tradition.

Une exploration dans l'inconnu

Vous souvenez-vous du Nabaztag, du Mood et du Mother évoqués plus haut[1] ? Nous avons vu que ces trois objets constituaient une rupture par rapport à l'identité des objets connus. Quand nous les découvrons pour la première fois, il est difficile de deviner à quoi ils peuvent servir ou encore à quelle famille d'objets ils appartiennent. Ni leurs fonctions ni leurs usages ne sont intuitifs, et même une fois présentés et décrits, il est parfois difficile d'en saisir la valeur. Ces objets ovnis apparaissent ainsi totalement nouveaux au moment où les consommateurs les découvrent sur le marché. Si nous remontons le temps, quelques années auparavant, ces objets étaient alors totalement inconnus. Leurs concepteurs étaient en train de travailler sur le projet qui leur donnerait vie : leur tâche consistait à basculer de l'inconnu au connu, partir de l'inconnu pour créer de la nouveauté. La recherche d'idées nouvelles, la créativité et l'innovation reposent ainsi sur cette exploration de l'inconnu pour faire naître des concepts, produits ou services radicalement inédits. Pour désigner cette opération qui consiste à sortir du domaine du connu, on parle parfois de pensée « *out of the box* » (« hors de la boîte »).

Si nous éprouvons des difficultés à décrire ces objets ovnis quand nous les découvrons sur les rayonnages,

1. Voir p. 44.

imaginez les efforts que doivent fournir leurs inventeurs au moment de communiquer entre eux et de se coordonner pour leur donner vie : comment décrire un objet inconnu, quelque chose qui n'existe pas encore ? Outre cette difficulté à mettre des mots sur l'inconnu, nous allons voir que notre cerveau a également beaucoup de mal à « créativer » – imaginer des objets nouveaux et proposer de bonnes idées. Si l'idéation et l'innovation correspondent à des explorations dans l'inconnu, notre cerveau n'est en effet absolument pas programmé pour ce type d'expédition !

CHAPITRE 4

La fixation, ou quand notre cerveau n'arrive pas à innover

La panne de bonnes idées

Si le raisonnement tient une place importante dans l'émergence des innovations, générer des idées nouvelles est cependant loin d'être une mince affaire. En effet, au fur et à mesure de ses expériences, notre cerveau met en place un grand nombre d'automatismes de pensée afin d'effectuer plus rapidement certaines opérations mentales, telles que le calcul ou la prise de décision. Malheureusement, ces mêmes réflexes peuvent se révéler fortement défavorables à la génération d'idées.

Le secteur de l'aide à l'autonomie des personnes âgées est un bon exemple de cette difficulté de notre cerveau à produire des idées radicalement nouvelles. Disposant à la fois d'une forte demande et d'aides financières, la proposition d'innovations dans ce secteur s'est pourtant longtemps limitée à des dispositifs de détection de chute – majoritairement des colliers ou des bracelets – souvent jugés non satisfaisants et très stigmatisants par les personnes âgées et leur entourage.

Alors que tous les signaux étaient au vert pour favoriser la production de nouvelles innovations, aucune alternative originale ne semblait émerger. Les aspects économiques et organisationnels n'étant pas en cause, une autre explication devait être trouvée pour comprendre ce phénomène. Les scientifiques ont alors proposé l'hypothèse suivante : parfois, si l'innovation n'émerge pas, c'est tout simplement parce que le cerveau humain éprouve naturellement des difficultés à produire des alternatives originales aux produits existants.

Aujourd'hui, quelques idées neuves ont pu heureusement émerger et offrir au secteur de l'aide à l'autonomie un renouvellement des innovations disponibles. C'est le cas notamment des verres connectés qui permettent de suivre l'hydratation des personnes âgées en maison de retraite. C'est aussi le cas de la canne Tango dont le principe repose sur celui du culbuto : la majorité du poids de la canne étant concentrée dans son extrémité basse, la canne peut tenir debout toute seule, ce qui évite d'avoir à la caler contre un meuble ou un mur, au risque de la voir glisser. Et si jamais, par malheur, cette dernière tombe, il suffit de donner une légère pression du pied sur son extrémité pour qu'elle se remette sans effort en position debout, comme un culbuto.

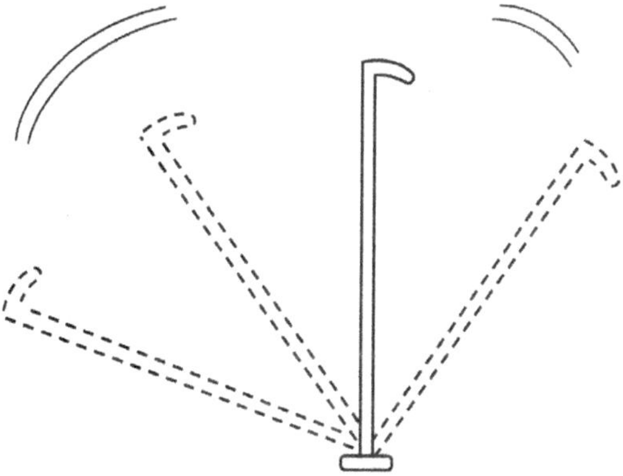

Lorsque nous éprouvons des difficultés à générer de nouvelles idées, notre cerveau est ainsi le premier responsable : en effet, être créatif et inventif n'est pas particulièrement son point fort. Pour mieux comprendre cette difficulté, il faut se tourner vers un domaine scientifique spécialiste du raisonnement et de la pensée : les sciences cognitives. La cognition désigne l'ensemble de nos processus mentaux, tels que le langage, la mémoire, la perception ou encore l'apprentissage. Au moment de générer des idées nouvelles, le processus mental concerné est le raisonnement créatif. La créativité constitue ainsi un champ d'étude à part entière de la psychologie, elle-même étant une discipline appartenant aux sciences cognitives.

Mesurer la créativité

La créativité est loin d'être une qualité facile à étudier. La psychologie cognitive a notamment mis au point un certain nombre de tests qui se proposent d'évaluer rigoureusement cette capacité créative. Beaucoup de ces tests mesurent un type de pensée appelée « pensée divergente ». Cette dernière désigne notre capacité à générer un grand nombre de solutions, les plus variées et les plus originales possible, face à un problème donné. En effet, en créativité, il n'y a souvent ni « bonne » solution ni seule et unique réponse. Par exemple, un exercice couramment donné en expérience de créativité correspond à la tâche de l'œuf : le principe est de demander aux participants d'imaginer un maximum de solutions, les plus variées et les plus originales possible, pour faire en sorte qu'un œuf de poule lâché du haut d'un immeuble de 10 mètres ne se casse pas. Il est alors possible de proposer aussi bien d'amortir la chute de l'œuf avec un matelas que de lui fabriquer un parachute : il n'y a pas de solution unique. La pensée divergente s'oppose ainsi à la pensée convergente qui, elle, correspond à notre capacité à identifier rapidement la bonne solution à un problème donné. Des questions comme « Combien font 2 + 2 ? » ou « Quelle est la hauteur du mont Everest ? » font par exemple appel à ce deuxième mode de pensée.

Beaucoup de tests de pensée divergente correspondent à des exercices de génération d'utilisations alternatives d'objets. On demandera par exemple d'imaginer le plus possible d'utilisations alternatives pour une brosse à dents. Cette instruction standard de test de créativité est aussi un bon exercice d'échauffement pour une session créative en groupe : elle entraîne notre cerveau à explorer différentes directions. Ces tests de créativité évaluent la fluidité des réponses (le nombre de solutions générées), ainsi que leur variété et leur originalité. Les idées proposées seront jugées variées si elles permettent d'adresser un grand nombre de catégories de solutions (si vous proposez dans toutes vos réponses d'utiliser systématiquement la brosse à dents pour nettoyer un objet, la variété de vos réponses restera relativement faible). L'originalité est quant à elle un peu plus difficile à évaluer : il est en effet délicat de juger objectivement du caractère original d'une solution. Les scientifiques ont fait le choix de s'en remettre aux statistiques : en recherche, une idée sera considérée comme originale si elle est par exemple retrouvée dans moins de 5 % des réponses données par un large panel d'individus.

Ainsi, aux yeux de la science, nous ne sommes originaux qu'en comparaison de nos pairs, et non dans l'absolu.

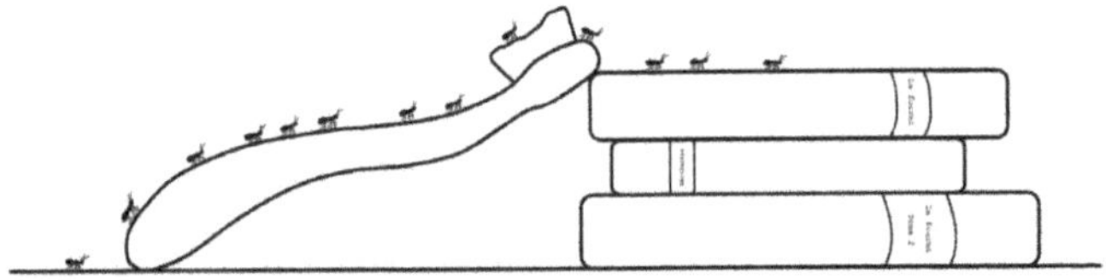

Avant de livrer la conclusion de ces tests sur notre capacité à générer des idées nouvelles, il est tout d'abord nécessaire de vous présenter deux systèmes de pensée qui cohabitent – non sans difficulté – dans notre cerveau. La dualité de ces deux systèmes est responsable d'un grand nombre de mésaventures créatives.

Deux systèmes de pensée

Prenez quelques minutes pour réfléchir aux problèmes suivants :

A) Un crayon et une feuille de papier coûtent au total 1,10 €. Le crayon coûte 1 € de plus que la feuille. Quel est le coût la feuille de papier ? .... €.

B) S'il faut 5 minutes à 5 machines pour fabriquer 5 produits, combien de temps faudra-t-il à 100 machines pour fabriquer 100 produits ? .... min.

C) La parcelle de nénuphars d'un lac double de taille chaque jour. Sachant qu'il faut 48 jours pour que cette parcelle recouvre entièrement le lac, combien de temps faudra-t-il pour qu'elle recouvre la moitié du lac? .... jours.

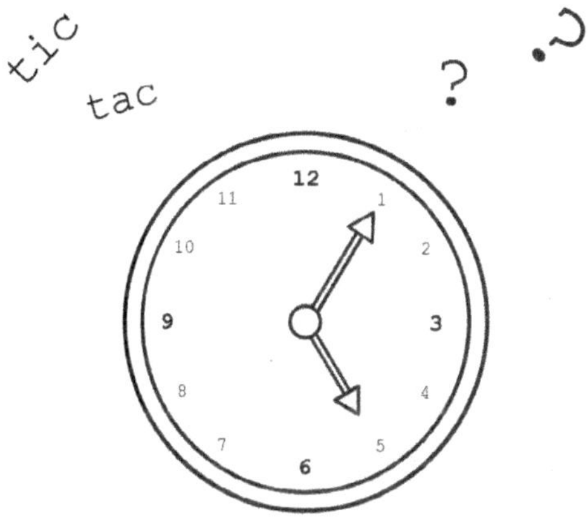

Avez-vous remarqué que l'on a tendance à s'y reprendre à deux fois avant de répondre à chacun de ces problèmes? Par exemple, dans le problème des nénuphars, s'il faut 48 jours pour que la parcelle recouvre entièrement le lac, et si la parcelle double de taille tous les jours, c'est au 47e jour que la parcelle recouvrira alors la moitié du lac. Pourtant, en découvrant l'énoncé, nous avons très envie de répondre que la parcelle recouvrira la moitié du lac au bout de 24 jours. 24 jours = la moitié de 48 jours. Notre cerveau prend ici un raccourci: pour obtenir la moitié d'une quantité, il a en effet appris qu'il faut souvent utiliser la moitié des moyens habituellement requis : pour réaliser 6 biscuits à l'aide d'une recette prévue pour 12 biscuits, il faudra diviser les quantités par 2 ; si un artiste met 1 journée pour esquisser 4 portraits, il aura probablement besoin d'une demi-journée pour réaliser 2 portraits, etc. Ainsi, lorsque nous lisons la question « Combien de temps faudra-t-il pour que la parcelle recouvre la moitié du lac ? », notre cerveau se dit presque automatiquement « moitié moins de temps », donc 24 jours. En y réfléchissant d'un peu plus près et en relisant l'énoncé une seconde fois, nous réalisons cependant qu'il faut en réalité 47 jours, et non 24.

De même, pour le crayon et la feuille de papier : à la première lecture du problème, notre cerveau nous souffle très vite une réponse : la feuille coûterait 10 cts... Cependant, en faisant rapidement le calcul, nous aboutissons à un résultat différent : si le crayon coûte 1 € de plus que la feuille et que les deux coûtent au total 1,10 €, nous trouverons que le prix de la feuille de papier est en fait de 5 centimes[1].

Enfin, le même phénomène de réponse intuitive se produit pour le problème des machines : s'il

1. Soit x le prix de la feuille de papier. Le problème indique que le crayon coûte 1 € de plus que la feuille : son prix équivaut donc à (1 + x) €. Le crayon et la feuille coûtant au total 1,10 € cela donne : $x + (1 + x) = 1,10$ €, soit $2x = 0,10$ €, d'où $x = 0,05$ €.

faut 5 minutes à 5 machines pour fabriquer 5 produits, combien de temps faudra-t-il à 100 machines pour fabriquer 100 produits ? De façon presque automatique, nous avons très envie de répondre 100 minutes. Mais cette réponse intuitive peut être très vite éclipsée par la mise en place d'un raisonnement logique : si, toutes les 5 minutes, 5 machines fabriquent 5 produits, alors une machine fabrique en moyenne 1 produit en 5 minutes. Seules 5 minutes seront donc nécessaires pour que 100 machines aient réalisé 100 produits.

Notre cerveau dispose ainsi de deux systèmes de pensée : un premier système intuitif et automatique, et un second système réfléchi et raisonné. Si le premier système permet de nous faire gagner du temps sur des problèmes simples, il peut néanmoins nous induire en erreur sur des problèmes plus élaborés, comme celui des nénuphars ou de la feuille de papier. Dans ce cas, il faut réussir à contourner ce mode de pensée intuitif qui fait office de pilote automatique du cerveau, pour pouvoir enclencher le mode raisonné. Ce passage du mode intuitif au mode raisonné est appelé « inhibition » : il consiste en effet à inhiber nos réflexes intuitifs.

Le scientifique Jean Piaget a beaucoup étudié ces deux modes de raisonnement chez l'enfant. L'expérience suivante est tirée de ses travaux et s'intéresse notamment au lien entre longueur et quantité pour mieux comprendre le phénomène d'inhibition. À partir de la disposition de jetons présentée ci-dessous, on pose cette question simple à un enfant : « Quel alignement contient le plus de jetons ? » La plupart des enfants répondent alors systématiquement que les deux alignements contiennent le même nombre de jetons.

On décale ensuite les jetons (en conservant le même nombre de jetons) afin d'obtenir la disposition ci-dessous, et on répète la question : « Quel alignement contient le plus de jetons ? »

On remarque alors que les enfants en dessous de l'âge de 7 ans répondent que l'alignement du dessous contient plus de jetons que l'alignement du dessus, tandis que les enfants plus âgés répondent que les deux alignements contiennent bien le même nombre de jetons. Les jeunes enfants sont ainsi piégés par un raccourci de leur cerveau qui leur a appris que la longueur est souvent proportionnelle à la quantité, alors que les enfants de plus de 7 ans ont appris à se libérer de ce raccourci : ils savent inhiber leur mode de pensée automatique. Piaget a ainsi montré que l'inhibition est une faculté que nous apprenons avec l'expérience.

Cependant, apprendre à inhiber les différents raccourcis installés au cœur de notre cerveau prend du temps. Une autre expérience permet de le constater. Cette fois-ci, on dispose d'images de fleurs sur une table : 2 roses et 5 marguerites. On pose ensuite cette question aux enfants : « Y a-t-il plus de marguerites ou plus de fleurs ? » Les enfants âgés de moins de 7 ans répondent alors qu'il y a plus de marguerites que de fleurs. Ils n'ont pas encore appris à inclure les objets dans des sous-catégories, et ne considèrent donc pas les marguerites comme une sous-classe des fleurs.

Les enfants de plus de 7 ans, en revanche, ne rencontrent pas cette difficulté, mais quand on leur demande : « Peut-on faire quelque chose pour qu'il y ait plus de marguerites que de fleurs ? », ils rajoutent des marguerites... En effet, ils n'ont pas encore appris à inhiber la stratégie de retrait ou d'ajout souvent utilisée pour diminuer – ou respectivement augmenter – une quantité. Il n'existe donc pas un âge donné à partir duquel nous pourrions tout d'un coup nous libérer de tous nos réflexes instinctifs : couper notre pilote automatique s'apprend pas à pas, au fur et à mesure de nos expériences.

Cette maîtrise de l'inhibition joue également un rôle crucial en créativité : c'est elle qui permet de détourner notre cerveau de raccourcis particulièrement nuisibles à la génération d'idées nouvelles. Ces raccourcis ont depuis longtemps suscité l'intérêt des scientifiques, car ils sont en effet les principaux responsables de notre fixation créative.

Les effets de fixation

Le problème de la bougie correspond à une expérience réalisée en 1945 par Karl Duncker. Dans ce problème, un panneau de liège est accroché au mur. Vous disposez alors d'une bougie, d'allumettes et d'une boîte de punaises, et on vous demande de trouver une solution pour accrocher la bougie au panneau de liège de telle sorte qu'aucune cire ne coule par terre lorsqu'on allume la bougie. Là encore, prenez quelques instants pour réfléchir au problème.

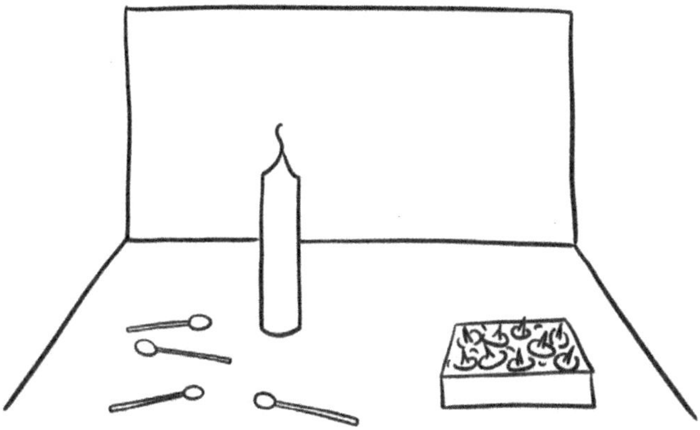

Reprenons : vous disposez d'une bougie, d'allumettes, de punaises et d'une boîte, et on vous demande de trouver une solution pour accrocher la bougie au panneau de liège de telle sorte qu'aucune cire ne coule par terre lorsqu'on allume la bougie...

Avez-vous trouvé la solution ? Si oui, l'avez-vous trouvée au premier énoncé ou au second ? La solution consiste à accrocher la boîte au panneau de liège à l'aide des punaises, et de placer la bougie dans la boîte. Ainsi, la bougie est bien accrochée au panneau de liège, et aucune cire ne peut couler par terre une fois la bougie allumée.

Vous avez sûrement remarqué que les deux énoncés précédents ne sont pas exactement identiques : dans un cas, on parle de « boîte de punaises », dans l'autre, de « boîte » et de « punaises ». Par ailleurs, la solution au problème semble plus facile à trouver avec le deuxième énoncé. L'expérience montre qu'environ 30 % des participants trouvent la solution dans le cas du premier énoncé, contre près de 90 % dans le cas du second énoncé qui distingue la boîte des punaises. En effet, lorsque l'énoncé mentionne une « boîte de punaises », notre cerveau attribue automatiquement une fonction donnée à la boîte (contenir les punaises) et oublie, en quelque sorte, d'envisager que la boîte puisse servir à autre chose, en l'occurrence contenir la bougie pour empêcher la cire de couler. Ce premier énoncé déclenche ainsi une fixation de notre cerveau sur une fonction spécifique de la boîte : ce phénomène correspond alors à une fixation fonctionnelle.

Encore un essai ?
Le problème des ficelles

Les effets de fixation se retrouvent dans de nombreux exercices de résolution de problèmes créatifs. Parmi eux, on retrouve le problème des ficelles, où deux ficelles sont accrochées au plafond à bonne distance l'une de l'autre : il s'agit de trouver une solution pour accrocher les ficelles entre elles avec une pince à linge, sachant que lorsqu'on tient l'extrémité de l'une des ficelles d'une main, il n'y a pas assez de mou pour atteindre l'extrémité de la seconde ficelle avec l'autre main.

La solution au problème consiste à accrocher la pince à linge à l'extrémité de l'une des ficelles pour ensuite créer un mouvement de balancier : la corde oscille alors tel un pendule, et il suffit de saisir l'extrémité de la seconde ficelle en attendant que la première revienne pour ainsi l'attraper et récupérer la pince à linge. Dans ce problème, notre cerveau est, là encore, souvent fixé par une fonction spécifique de la pince à linge et induite par l'énoncé : accrocher les ficelles entre elles. Il a alors tendance à négliger la possibilité que la pince à linge puisse servir à autre chose, et en particulier, qu'elle puisse être la clé du problème.

Comme pour le mécanisme d'inhibition, ces effets de fixation se développent avec l'expérience. Les scientifiques ont étudié ce développement de la fixation à l'aide d'une tâche de créativité là encore destinée aux enfants : dans cette expérience, il s'agit de trouver une solution pour permettre à un ours en peluche surnommé Bobo d'attraper un jouet sur une étagère placée à 30 centimètres du sol. L'ourson ne mesure que 10 centimètres, et on explique aux enfants qu'il ne peut pas sauter en raison de trop petites pattes. Les enfants doivent donc lui construire un échafaudage et ils disposent pour ce faire d'un carton rempli de blocs de polystyrène.

À eux seuls, les blocs de polystyrène ne permettent pas à l'enfant de réaliser une tour suffisamment grande pour permettre à Bobo d'atteindre le jouet.

La solution au problème consiste alors à vider le carton, le retourner, et disposer les blocs au-dessus.

Comme dans le cas de la boîte de punaises, on peut s'attendre à ce que ce problème soit plus facile à résoudre quand les blocs sont présentés à côté de la boîte et non dedans... En fait, oui et non ! Les enfants âgés de plus de 6 ans sont en effet victimes de la fixation fonctionnelle : ils mettent plus de temps à résoudre le problème lorsque le carton contient les blocs de polystyrène au début de l'expérience. Lorsque les blocs sont disposés à côté du carton, le temps de résolution du problème chute drastiquement. En revanche, les enfants de 5 ans ne sont absolument pas gênés par le fait que le carton contienne au préalable les blocs de polystyrène : ils résolvent rapidement le problème quelle que soit la configuration initiale.

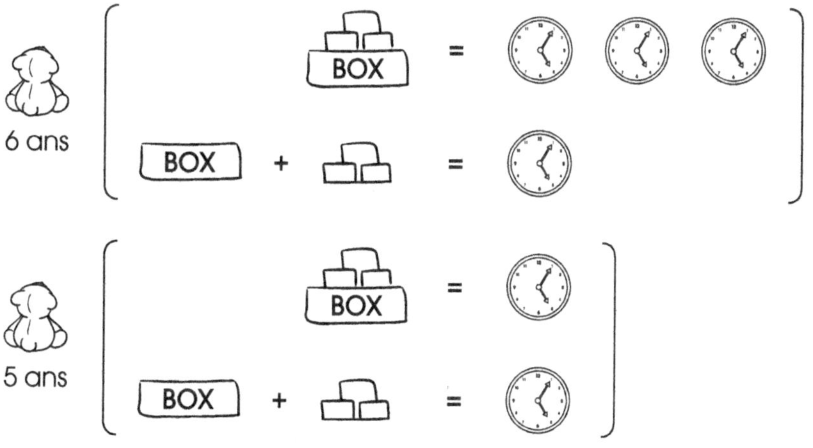

Les enfants de 5 ans sont en quelque sorte immunisés contre la fixation. En revanche, la donne change passé l'âge de 6 ans : la fixation est ainsi un mécanisme de pensée qui se développe avec l'âge. La vie et l'expérience nous apprennent qu'il est très utile de savoir attribuer rapidement une fonction à un objet : ainsi, une anse sera identifiée comme un moyen facile pour « saisir », un crayon pour « écrire », etc. Ces automatismes sont particulièrement utiles dans la vie quotidienne et vont jusqu'à se révéler extrêmement précieux dans les situations d'urgence. Si l'anse de la tasse ou de l'arrosoir permet de saisir ces objets, notre pilote automatique pourra facilement identifier le moyen de saisir d'autres objets présentant une anse... Inutile de tergiverser ou de se lancer dans de grandes réflexions. Mais, lorsqu'une situation exige de nous un peu d'inventivité et de créativité, ces mêmes effets de fixations nous freinent.

Notre cerveau se révèle finalement quelque peu contre-productif : d'un côté, il apprend progressivement à inhiber un mode de pensée intuitif et à couper son pilote automatique, ce qui aurait tendance à l'aider à imaginer des solutions originales et non-intuitives ; mais de l'autre, il développe avec l'expérience des effets de fixation, de nouveaux raccourcis de la pensée, qui ne servent pas du tout sa créativité.

Quand la fixation bloque la proposition d'idées nouvelles

Au début des années 1990, le chercheur américain Thomas Ward mène une expérience sur les effets de fixation en créativité au cours de laquelle il demande à trente-sept étudiants en psychologie de répondre individuellement à une même tâche créative. Il s'agit d'imaginer que l'on se trouve dans une autre galaxie, sur une planète très différente de la Terre. Sur cette planète étrangère, on rencontre un animal extraterrestre. La tâche consiste alors à en dessiner le portrait. Si le cœur vous en dit, prenez quelques minutes pour vous prêter à l'exercice...

Dans les propositions dessinées par les étudiants, on trouvait notamment des animaux étranges ressemblant à des lamas, des ptérodactyles ou encore des cellules. Au sein de cet échantillon, la proposition la plus curieuse était sans doute un amas de tentacules, qui n'était pas sans évoquer la branchiflore d'Harry Potter. Mais, outre les propositions des étudiants, il est intéressant de regarder comment Ward avait prévu de noter l'originalité des réponses proposées. Le chercheur s'intéressait à la présence de symétrie de la forme, de membres habituels (comme des bras ou des jambes) et d'organes sensoriels connus (comme des yeux ou des oreilles). L'animal dessiné était considéré comme original s'il ne présentait aucune de ses caractéristiques, et s'il contenait au contraire des membres ou organes sensoriels non habituels. Une proposition créative était donc un extraterrestre qui ne présentait aucune propriété classique des animaux terrestres (corps symétrique, bras, jambes, yeux, bouche, ailes ou encore trompe) et qui introduisait par ailleurs des caractéristiques inédites.

Or, dans les solutions proposées, on pouvait aisément remarquer que ces extraterrestres imaginaires présentaient tous une parfaite symétrie de la forme, ainsi que des bras, des jambes, des yeux et des oreilles. Et même lorsqu'on considérait la proposition qui semblait la plus originale – la fameuse branchiflore –, on pouvait remarquer qu'elle présentait elle-aussi des organes sensoriels classiques à l'extrémité de ses différents tentacules, notamment des yeux ainsi que des orifices pouvant s'apparenter à des bouches ou des oreilles. Cette expérience montre ainsi que, lorsqu'on nous demande d'être très créatifs et d'imaginer quelque chose de radicalement différent de ce que l'on connaît (comme un animal qui n'existerait pas sur Terre), nous avons systématiquement tendance à proposer des solutions familières et peu originales. Nous serions donc naturellement fixés par ce que nous connaissons.

Prenons un autre exemple avec le problème de l'œuf évoqué au début du chapitre[1] : il s'agit ici d'imaginer un maximum de solutions, les plus variées et les plus

1. Voir p. 62.

originales possible, pour faire en sorte qu'un œuf de poule lâché d'une hauteur de 10 mètres ne se casse pas. À la lecture de ce problème, trois types de solutions classiques viennent assez rapidement à l'esprit :

1. Protéger l'œuf (par exemple, en l'enveloppant dans du papier bulle).
2. Amortir la chute de l'œuf (en utilisant un matelas ou encore une piscine).
3. Ralentir la chute (par exemple, avec un système de parachute).

On peut également proposer des solutions très originales : certains suggéreront de modifier les propriétés physiques de l'œuf (en faisant un œuf dur qui sera ensuite congelé pour le rendre plus résistant), d'autres feront intervenir un animal (comme un faucon dressé pour intercepter l'œuf et le ramener intact au sol). Ces solutions très surprenantes répondent bien à l'énoncé du problème puisque ce dernier demande d'imaginer les solutions les plus variées et les plus originales possible.

Or, si on considère un grand échantillon de réponses, environ 80 % des solutions proposées adresseront l'une des trois catégories de réponses classiques : amortir la chute, ralentir la chute, et protéger l'œuf. Nous sommes donc face à un problème de créativité pour lequel 80 % des solutions sont finalement assez peu originales. Encore une fois, alors même

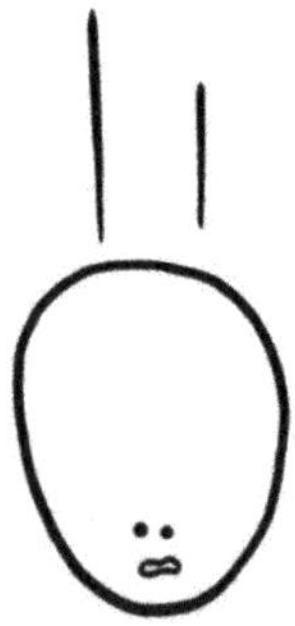

qu'on demande à notre cerveau de mobiliser toute sa puissance créative, ce dernier se révèle fixé sur les solutions les plus classiques.

Faisant barrière aux idées innovantes, la fixation est ainsi systématiquement présente en créativité. Certains contextes peuvent par ailleurs lui donner encore plus d'ampleur. Par exemple, si l'énoncé du problème de l'œuf est suivi d'un exemple présentant une solution classique – comme l'exemple du parachute –, le taux de réponses non originales sera significativement plus élevé. Ainsi, si au début d'une réunion de travail, l'un de vos collègues soumet au groupe une idée peu originale, il vous sera beaucoup plus difficile de proposer des idées radicalement innovantes par la suite.

Se libérer de la fixation demande ainsi de fournir un effort visant à éviter d'emprunter les raccourcis de pensée qui nous amènent de façon presque automatique vers les solutions classiques. Pour être créatif, il faut ainsi faire appel à l'inhibition (couper le pilote automatique), et enclencher un ré-aiguillage du cerveau pour le sortir de la voie de la fixation. Heureusement, il existe plusieurs astuces de défixation aidant à booster notre créativité : jouer sur les exemples en est une. Si les exemples de solutions classiques renforcent la fixation, l'introduction d'un exemple original produira l'effet inverse et aidera le cerveau à se défixer : ainsi, l'exemple du faucon dressé augmente le taux de réponses surprenantes au problème de l'œuf.

D'autres facteurs, comme nos connaissances et notre formation, jouent également sur la facilité de notre cerveau à être fixé ou défixé. Dans le cas du problème de l'œuf, un ingénieur sera ainsi davantage fixé qu'un entrepreneur ou un designer sur la solution du parachute : ayant beaucoup étudié les problèmes relatifs à la gravité au cours de ses études, il ira plus facilement puiser dans cette base de connaissances. De la même façon, les enfants qui maîtrisent beaucoup moins bien la notion de gravité que les adultes – notamment parce qu'ils en ont moins fait l'expérience – se dirigeront davantage vers des solutions s'inspirant du matelas ou de la coque de papier bulle.

En raison de ces variations, les leviers de défixation ne seront donc pas les mêmes pour tout le monde. De façon surprenante, l'exemple du parachute, qui diminue la créativité des adultes, augmentera au contraire celle des enfants. Cet exemple est à la fois défixant pour le cerveau des enfants et fixant pour celui des adultes.

La capacité de notre cerveau à générer de bonnes idées est ainsi façonnée, à court terme comme à long terme, par nos expériences, notre formation et notre acquisition de nouvelles connaissances. La créativité n'est donc pas une qualité immuable et innée : elle peut s'apprendre et s'entretenir. Mais, si on ne fait rien, le cerveau restera dans son état naturellement fixé, et il sera difficile de générer des idées innovantes.

Heureusement, il est possible de recourir à quelques trucs et astuces simples qui permettent d'augmenter efficacement et durablement notre créativité, ainsi que celles des autres.

CHAPITRE 5

Trucs et astuces pour trouver tout seul de bonnes idées

Un cercle vicieux ?

Les chercheurs se sont depuis longtemps intéressés à la naissance des innovations afin d'en décrypter les mécanismes fondamentaux. Un peu comme des alchimistes qui essayent de fabriquer de l'or, ils se sont demandé s'il n'existerait pas une formule permettant de créer facilement des innovations et de générer des bonnes idées. Or nous avons vu que la naissance de bonnes idées repose en grande partie sur le raisonnement : si une telle formule existe, elle pourrait donc tout simplement correspondre à l'apprentissage d'un mode de pensée spécifique à la génération d'idées innovantes. Par le biais de l'école et de nos expériences, nous avons déjà appris à mener des raisonnements de nature différente, tels que le calcul, la lecture des émotions d'autrui ou encore la résolution de problèmes. Ces modes de raisonnement reposent tous sur une suite logique d'opérations mentales, comme la déduction ou encore la formulation d'hypothèses. De la même façon, la recherche de bonnes idées repose elle aussi sur une certaine logique de raisonnement.

S'il existe une sorte de recette ou de rituel incantatoire pour provoquer les bonnes idées, il est tout d'abord nécessaire de comprendre quels en sont les ingrédients de base : prenons l'exemple de l'invention de la LoveBox, cette boîte à amour connectée présentée au chapitre 1[1]. La LoveBox a été inventée par un ingénieur qui devait partir un an à Boston pour effectuer des travaux de recherche en robotique au MIT tandis que sa fiancée resterait en France. Pour mieux supporter cette séparation, il se mit en tête d'imaginer un moyen qui lui permettrait d'envoyer de l'amour à distance. C'est ainsi que fut créée dans un fablab la toute première LoveBox : une boîte connectée permettant d'afficher des messages d'amour envoyés depuis un smartphone. Lorsqu'un message arrive sur la LoveBox, le cœur de la boîte commence à pivoter tandis que la missive s'affiche sur un miroir digital à l'intérieur de la boîte.

1. Voir p. 26.

Lorsqu'on la découvre pour la première fois, la LoveBox apparaît comme un objet radicalement nouveau. Quelques années auparavant, un tel produit n'existait pas. Le travail de notre ingénieur de l'amour a donc consisté à créer un objet inconnu : « une boîte à amour connectée ». Pour concevoir cet inconnu, il s'est tout d'abord appuyé sur ce qu'il connaissait déjà sur les objets connectés grâce à son expérience en informatique et en robotique. Les technologies intégrées à la LoveBox, comme la connexion wifi et le miroir digital, ne sont pas radicalement nouvelles : il a donc utilisé du connu pour créer un inconnu. Par ailleurs, au cours de la conception de la LoveBox, notre ingénieur a été confronté à un certain nombre de défis et de questions auxquelles il ne savait pas répondre immédiatement, par exemple : comment signaler simplement que la boîte a reçu un message sans utiliser une alerte sur téléphone ? Ces points de butée constituent à leur tour de nouveaux inconnus qu'il faut explorer et spécifier jusqu'à aboutir au prototype final qui fera exister la LoveBox dans le monde des objets, et qui en fera ainsi un nouvel objet connu : aussi explore-t-on également l'inconnu pour créer du connu.

Connaissances + Idées = Nouveauté

En résumé, pour innover et inventer, il faut utiliser le connu pour créer de l'inconnu et utiliser l'inconnu pour créer du connu… Cela ressemble à un paradoxe ou à un cercle vicieux, mais l'innovation consiste précisément à faire dialoguer l'inconnu et le connu ; en d'autres termes, à faire rentrer en synergie savoirs et idées floues. Les fameux ingrédients fondamentaux de la nouveauté sont donc à la fois des connaissances et des idées : ce que nous savons et ce que nous ne savons pas encore.

Une logique en trois temps

Il existe mille et une façons de mener ce dialogue entre idées et connaissances, et surtout, presque autant de méthodes pour le faciliter et l'accélérer (cet ouvrage en détaille quelques-unes, mais n'hésitez pas à mener vos propres recherches pour explorer la multitude de méthodes existantes!). Avant de vous présenter quelques outils et astuces qui vous permettront de trouver des idées radicalement nouvelles, découvrons d'abord trois étapes qui permettent de mobiliser des connaissances pertinentes et de tester ses idées.

En 1999, la chaîne américaine ABC a réalisé un reportage sur l'agence d'innovation IDEO, alors connue pour être à l'origine de produits emblématiques comme la première souris d'Apple ou encore le GRiD compass (l'un des premiers ordinateurs portables). Dans le but de comprendre quelle est la méthode utilisée par IDEO pour générer des produits radicalement nouveaux, ABC leur demande de réinventer un produit du quotidien pour ensuite suivre leur démarche pas à pas. L'heureux élu réinventé sera un objet banal et familier... : le Caddie de supermarché!

L'équipe d'IDEO procède alors en trois temps:

1. Ses membres se rendent dans plusieurs magasins afin d'observer comment les consommateurs utilisent le Caddie et effectuent leurs achats. Ces visites leur permettent d'identifier plusieurs soucis concernant le Caddie, par exemple des blessures d'enfants, des vols fréquents, ou encore une difficulté à circuler dans le magasin et près des caisses.

2. Ils se réunissent ensuite pour partager ce qu'ils ont découvert et commencer à générer de nouvelles

propositions visant à améliorer le Caddie de supermarché. L'équipe se divise alors en sous-groupes, chacun chargé de réaliser un prototype de Caddie qui permettra de tester la validité de ces idées. Bricolés avec les moyens du bord, les prototypes sont présentés à l'ensemble de l'équipe : l'un d'eux possède des paniers modulables qui peuvent être ajoutés au fur et à mesure des achats, un autre présente un scanner qui permet d'enregistrer soi-même ses articles, et un troisième possède des roues qui lui permettent d'être facilement déplacé dans toutes les directions.

3. Le groupe réalise alors une synthèse des idées les plus prometteuses à l'aide d'un prototype final : un Caddie 2.0 dont on retrouve aujourd'hui certaines propriétés dans les caddies de nos supermarchés.

La démarche d'invention d'IDEO se décompose ainsi en trois grandes étapes : situer, explorer et expérimenter. Ces trois étapes peuvent être reprises dans n'importe quelle démarche d'innovation. Dans la première phase, il s'agit de situer l'innovation, d'en comprendre les enjeux et d'identifier les éventuels problèmes sous-jacents : par exemple, l'observation des futurs utilisateurs permet à un concepteur de mieux comprendre les besoins et les attentes des usagers afin de leur proposer un produit plus pertinent. Cet exercice est souvent qualifié d'« observation empathique ». La deuxième phase est une phase d'exploration d'alternatives nouvelles : il s'agit de générer des idées originales, par exemple à l'aide d'un brainstorming individuel ou collectif. La dernière phase correspond à l'expérimentation de ces nouvelles propositions par le prototypage et le maquettage. Il est possible de prototyper rapidement un grand nombre d'objets avec des moyens rudimentaires : par exemple, une application mobile ou un site internet pourront être maquettés sur papier ou sur ordinateur par de simples esquisses du rendu visuel des différentes pages. Un tel processus n'est pas purement linéaire, et, face à l'échec d'un ou plusieurs prototypes, on peut décider de relancer une phase d'exploration ou d'observation. La démarche développée par IDEO est ainsi fondamentalement agile et itérative.

Le reportage diffusé par ABC est devenu, depuis, un cas d'école permettant d'enseigner les étapes fondamentales du processus mis en place chez IDEO, baptisé « design thinking ». Pour innover, on recommande souvent d'utiliser les trois étapes : « situer », « explorer » et « expérimenter ». Il existe de nombreuses techniques pour faciliter chacune d'elle, mais en raison du phénomène de fixation, l'exploration dans l'inconnu se pose en bénéficiaire prioritaire d'outils dédiés. Afin d'aider notre cerveau à générer de nouvelles idées en phase d'exploration, il existe notamment une mécanique très simple qu'il est possible d'appliquer seul comme à plusieurs. Pour qu'elle soit facile à comprendre, cette mécanique est illustrée ici à l'aide d'exemples d'objets du quotidien et peu complexes. Dans la pratique, elle s'appliquera en revanche à tout type d'objet et tout type de situation : elle ne connaît pas de limite à partir du moment où l'on en a bien compris la logique.

Explorer l'inconnu : mode d'emploi

Puisque la nouveauté émerge d'un dialogue entre l'inconnu et le connu, essayez de découper votre espace mental en deux. Sur une feuille de papier, tracez une ligne verticale en plein milieu : la partie droite contiendra des connaissances (le connu), et la partie gauche, des idées (l'inconnu).

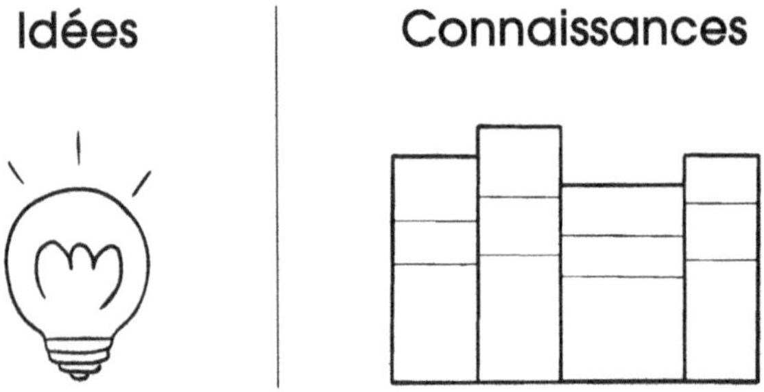

Dans l'espace des connaissances, vous placerez tout ce que vous connaissez, tandis que l'espace des idées contiendra tout ce que vous ne connaissez pas encore. Par exemple, une « chaise bleue » est un objet que vous connaissez : vous savez qu'il existe de telles chaises. En revanche, une « chaise sans pied » est probablement une expression qui vous laisse un peu perplexe : a priori, vous ne savez pas encore si une telle chaise existe ou non. La chaise « sans pied » appartiendra alors à l'espace des idées. De la même façon, du café sans caféine sera une connaissance, alors qu'un « café infantile » correspondra à une idée. Une telle représentation sous la forme de deux espaces distinguant les idées d'une part et les connaissances d'autre part[1] a été proposée pour la première fois au début des années 1990 par Armand Hatchuel et Benoît Weil, deux chercheurs français, qui souhaitaient ainsi schématiser cette mécanique de l'innovation reposant sur un dialogue entre connu et inconnu.

Idées et connaissances… Comment les distinguer ?

Il est parfois délicat de distinguer ce qui appartient à l'espace des idées de ce qui appartient à l'espace des connaissances. Une astuce pratique permet cependant de différencier idées et connaissances. On

1. Cette représentation possède le nom formel de « théorie C-K », les lettres C et K opposant l'espace des idées (en anglais : « *concept* ») et l'espace des connaissances (« *knowledge* »).

considérera notamment comme connaissance toute phrase à laquelle on peut donner un statut logique : on peut dire par exemple que la phrase est vraie ou fausse, ou que l'objet qu'elle désigne existe ou n'existe pas. Par exemple, la croyance « Les chats noirs portent malheur » est soit vraie soit fausse, mais elle possède nécessairement l'un des deux statuts : elle sera donc à placer dans l'espace des connaissances. En revanche, le concept de « bateau volant » correspond à un objet pour lequel on ne sait pas dire a priori s'il existe ou non : la phrase ne possédant pas de statut logique, elle sera à placer dans l'espace des idées. La connaissance correspond donc à un statut connu, alors que le statut de l'idée est encore inconnu.

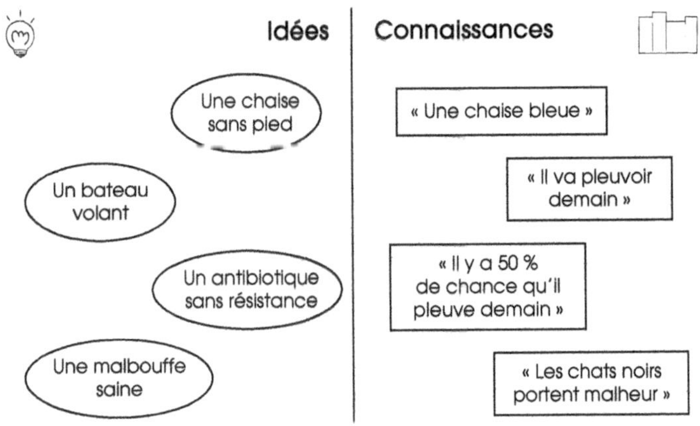

Cette distinction entre idées et connaissances dépend également du référentiel dans lequel on se place : ce qui représente une idée pour quelqu'un correspondra peut-être à une connaissance pour quelqu'un d'autre. En fonction de nos savoirs et de nos expertises, nous n'attribuerons donc pas ces deux statuts de la même façon.

Bien qu'ils soient opposés, les deux espaces « Idées » et « Connaissances » communiquent constamment lorsque nous raisonnons. Imaginez que vous soyez un inventeur auquel on demande d'inventer un objet en apparence impossible, comme un bateau volant. Ce bateau volant appartient à votre monde des idées : à ce moment-là, vous ne savez pas si vous pouvez effectivement créer un tel bateau. Pour concevoir cet objet, vous mobiliserez tout ce que vous savez sur les bateaux, ainsi que vos connaissances sur le vol. Plusieurs formes de vol pourront être considérées, comme le vol de la montgolfière ou celui du deltaplane. Dans votre espace des idées, cela vous fera peut-être formuler des propositions de bateaux à voile de deltaplane ou encore de montgolfières en forme de bateau... Ces propositions n'étant pas véritablement innovantes, il vous faudra rechercher des mécanismes de vol plus intéressants. C'est le cas par exemple du vol du poisson volant, aussi appelé « exocet » : que donnerait un bateau qui vole comme un exocet ? On imagine souvent que le poisson volant « vole » à l'aide de ses grandes nageoires dorsales à la manière des oiseaux. En réalité, son vol repose

Idées

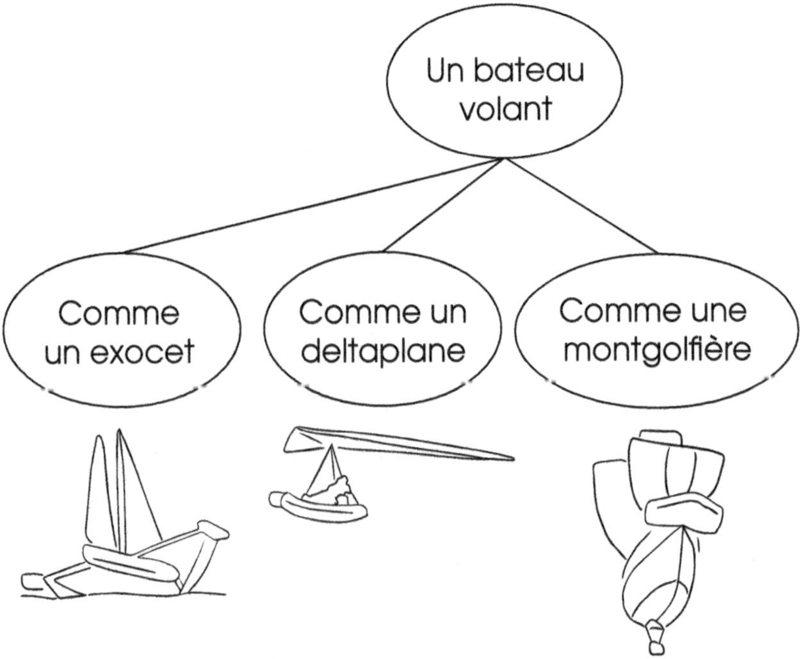
Un bateau volant
Comme un exocet
Comme un deltaplane
Comme une montgolfière

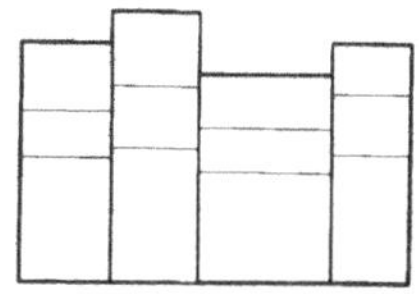

Connaissances

Systèmes de vol mécaniques

Navigation

Ailes d'avion

Voile

Deltaplane

Vol en zoologie

Poisson volant (exocet)

sur un mécanisme bien différent : l'exocet possède de petites nageoires ventrales (des foils) qui, à l'aide de la poussée d'Archimède, lui permettent de sortir son corps de l'eau quand il gagne en vitesse. Alors que l'eau s'oppose à la progression du poisson lorsqu'il nage sous l'eau, l'air est un obstacle bien moins important, ce qui lui permet ainsi d'atteindre une vitesse plus élevée. Une fois sorti de l'eau, l'exocet déploie alors ses nageoires dorsales, mais il ne « bat » pas des ailes : il se contente de planer.

Hors de l'eau, le poisson volant peut ainsi doubler sa vitesse et dépasser les 60 km/h ! C'est sur ce mécanisme de vol que repose le principe de l'hydroptère, le légendaire bateau de Tabarly devenu aujourd'hui un standard des grandes compétitions de voile. Munie de plusieurs foils immergés, la coque du bateau sort de l'eau lorsque ce dernier atteint une vitesse suffisamment importante. Le bateau est ainsi moins sujet aux frottements de l'eau et augmente significativement sa vitesse. Aujourd'hui, ce système d'ailes immergées équipe également des planches à voile ou encore des kitesurfs, donnant à leur course des allures surnaturelles.

Dans l'espace mental du concepteur, les idées et les connaissances sont en perpétuel dialogue : l'idée d'un bateau volant nous fait mobiliser des connaissances sur le bateau et le vol, connaissances qui permettent à leur tour de générer des idées plus précises. Cependant, il s'avère difficile de préciser l'idée d'un bateau qui vole comme un poisson volant sans aller chercher davantage d'informations sur le vol de l'exocet. Impossible enfin de savoir si des ailes immergées aideraient un bateau à gagner en vitesse sans avoir construit un prototype, étudié les écoulements autour de sa coque et acquis ainsi de nouveaux savoirs qui alimentent l'espace des connaissances.

Prenons un nouvel exemple afin d'illustrer cette mécanique de va-et-vient entre idées et connaissances, ainsi que son rôle dans la naissance des inventions : imaginez à présent que vous êtes concepteur de nouveaux produits pour une marque spécialisée dans les activités de plein air. Votre équipe a été récemment sollicitée afin d'imaginer une chaise de camping plus légère et moins chère. Ce n'est pas une tâche facile car vous savez que les nouveaux matériaux permettant d'alléger vos produits – par exemple le carbone utilisé pour les vélos – en augmentent également le coût. Cette chaise plus légère et moins chère est alors au stade de l'inconnu, de l'idée. Avec votre équipe, vous étudiez tout ce qui existe déjà sur le marché et notamment l'offre concurrente : il existe par exemple des chaises de camping qui jouent sur le poids en n'ayant que trois pieds au lieu de quatre. Que se passe-t-il alors si vous réduisez encore le nombre de pieds ? On peut imaginer une chaise avec un seul pied, qui donnerait une sorte de tabouret, mais qui ne serait pas nécessairement plus légère... Et si vous poussiez la logique plus loin avec une chaise « sans pied » ?

Idées

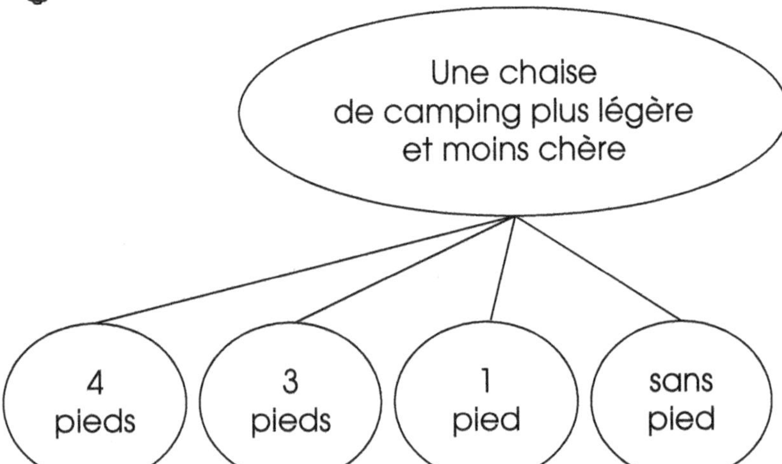
Une chaise
de camping plus légère
et moins chère
4
pieds
3
pieds
1
pied
sans
pied

Connaissances

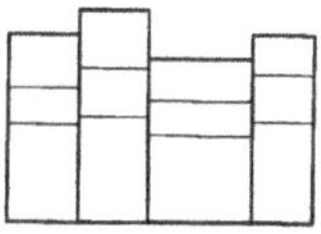

Chaises
de camping

Activités
outdoor

Équilibre
en position assise

Hamac

Coussin de jardin

En écrivant ces mots, cela lancera sûrement un débat dans votre équipe : une chaise sans pied, finalement, est-ce toujours une chaise ? Bien joué, vous venez de créer une rupture dans l'identité de l'objet à concevoir ! La chaise sans pied n'est sans doute pas une chaise classique : vous ne savez pas encore si un tel objet existe ou non (c'est une idée), mais vous êtes sur la bonne voie. Il est à présent nécessaire de se demander ce qu'est finalement une chaise, et aussi basique que cela puisse paraître, il n'existe pas de façon unique de la définir : son apparence la définit, d'un côté, comme un meuble possédant le plus souvent quatre pieds et un dossier, tandis que ses fonctions la définissent davantage comme un objet permettant de réduire l'effort à fournir en position assise. Il est donc possible de jouer sur cette seconde définition et d'imaginer une chaise « sans pied » réduisant l'effort à fournir pour rester en équilibre en position assise.

Votre produit peut alors tenir un rôle plus ou moins important dans le maintien de cet équilibre : le coussin de jardin, par exemple, ne joue presque pas sur l'équilibre de la personne qui s'y assoit, tandis que le principe du hamac repose précisément sur la recherche d'un point d'équilibre stable entre la personne assise et le système suspendu. Que donnerait ainsi une chaise sans pied, jouant sur un équilibre entre l'homme et l'objet afin de réduire l'effort en position assise ? C'est notamment grâce à ce type de raisonnement qu'est née la Chairless, un concept de sangle nomade qui s'enfile autour du corps dans la position du tailleur, et qui permet de se reposer en appuyant sur la sangle à la fois son dos et ses genoux. Ce principe très rudimentaire a été repris par de nombreuses entreprises, du Vieux Campeur à l'éditeur de design Vitra.

Dans cet exemple, l'espace des idées et l'espace des connaissances opèrent à nouveau en étroite collaboration : une idée comme la chaise sans pied nous poussera à aller creuser dans nos connaissances, qui, une fois enrichies, nous permettront d'explorer plus en profondeur de nouvelles idées alternatives. Développer une bonne idée passe donc non seulement par la mobilisation de connaissances déjà maîtrisées, mais également par leur extension à travers l'acquisition de connaissances nouvelles. Par ailleurs, vous remarquerez que les concepts originaux naissent de l'intégration d'une propriété surprenante dans l'espace des idées : quand on parle de chaise « sans pied » ou encore de bateau « volant comme un exocet », cela interpelle et pousse encore davantage à l'exploration. Idées et connaissances sont ainsi à la fois opposées et étroitement mêlées.

Vous noterez également que ces deux espaces ne sont pas représentés de la même façon. L'espace des connaissances est brouillon : les connaissances sont éventuellement regroupées en famille mais restent isolées les unes des autres. L'espace des idées est, quant à lui, très structuré : les liens logiques entre les idées apparaissent clairement. Si une telle cartographie des idées et des connaissances permet de comprendre comment ont été développées certaines innovations, elle se révèle également un outil très pratique pour générer de nouvelles idées.

Une carte mentale pour multiplier les idées

On peut s'appuyer sur cette méthode de cartographie des idées et des connaissances afin de guider l'exploration de concepts originaux pour faire émerger de la nouveauté. Puisqu'il s'agit de naviguer dans l'inconnu, cette exploration ne possède à l'avance aucun objectif précis, hormis celui de trouver ce qui n'existe pas encore et de créer de la rupture. On ne peut donc pas anticiper ce que l'on va trouver : il faut seulement mettre en œuvre tous les moyens possibles pour générer quelque chose de radicalement innovant, différent de l'existant.

La carte mentale distinguant idées et connaissances débute toujours par une idée formulée sous la forme d'un inconnu : il s'agit de partir d'une formulation originale et surprenante, telle « une chaise sans pied », « un bateau volant » ou encore « un café infantile ». La génération de ce type d'intitulé est souvent une opération assez difficile pour notre cerveau : essayez par exemple de formuler des intitulés inconnus avec les objets qui se trouvent autour de vous en ce moment... Pour faciliter la création de ces inconnus, point de départ de la réflexion innovante, il existe néanmoins quelques astuces.

L'intitulé initial de la cartographie sera d'autant plus efficace qu'il met en tension deux termes opposés : par exemple « luxe » et « solidarité » (un luxe solidaire), « malbouffe » et « santé » (une malbouffe saine), etc. Ce sont des oxymores. Si vous travaillez sur un sujet ou un objet en particulier, essayez ainsi de trouver un adjectif qui s'oppose en apparence à cet objet et voyez si cela donne un concept à la fois inconnu et intéressant. En effet, cette idée initiale doit aussi valoir la peine d'être explorée : elle doit être désirable. Une malbouffe saine qui réduirait les risques d'obésité ou encore une industrie du luxe qui se montrerait solidaire peuvent être considérées comme des désirables. Bien qu'un concept ne puisse pas toujours plaire à tout le monde, le but est de faire en sorte que l'idée initiale puisse être jugée désirable par le plus grand nombre de personnes possible : on parlera alors de « désirable commun ».

À partir de cette idée initiale, deux astuces permettent de formuler rapidement de nouvelles idées sur la carte mentale. La première consiste à faire d'abord une liste des propriétés de l'objet que l'on cherche à réinventer. Par exemple, pour imaginer une « voiture innovante », listez les propriétés classiques de la voiture, de ses composants à ses usagers, en passant par ses fonctions

Idées

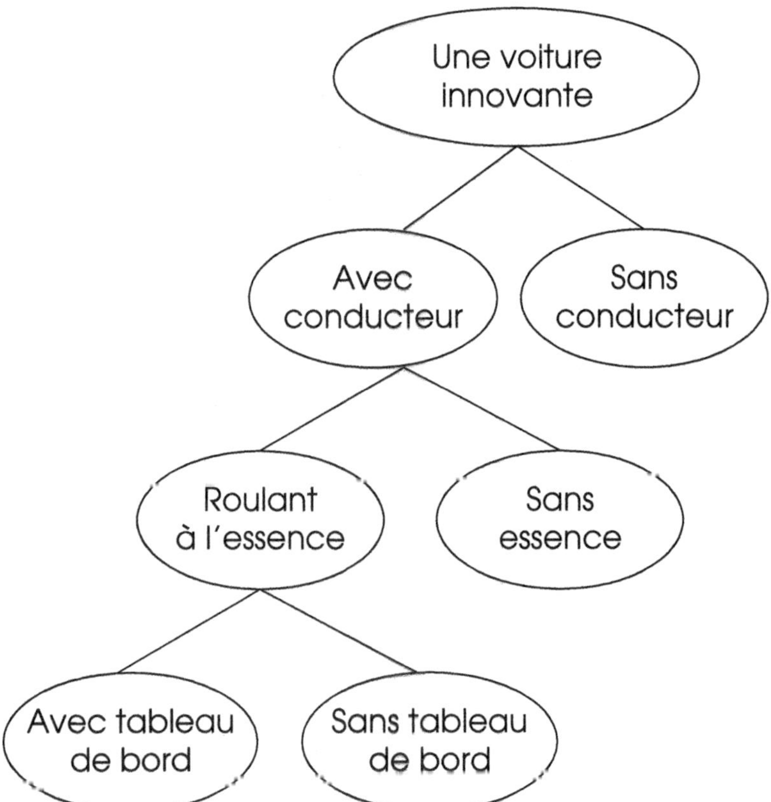
Une voiture innovante
Avec conducteur
Sans conducteur
Roulant à l'essence
Sans essence
Avec tableau de bord
Sans tableau de bord

Connaissances

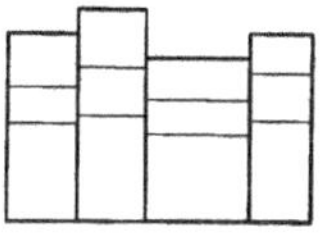

Propriétés usuelles de la voiture

Conducteur

Moteur

Pneus

Tableau de bord

Fonctions usuelles de la voiture

Se déplacer

Voyager

(roues, siège, tableau de bord, passager, conducteur, rouler, consommer de l'essence, etc.). Amusez-vous ensuite à retirer certaines de ses propriétés à la voiture : vous obtiendrez alors des idées comme « une voiture sans conducteur » (qui correspond à la voiture autonome), « une voiture qui ne consomme pas d'essence » (qui pourrait être une voiture électrique) ou encore « une voiture sans tableau de bord ».

La dernière proposition laisse probablement un peu de place à l'innovation. La suppression de propriétés classiques permet de générer des idées désirables, dont certaines renvoient parfois à des enjeux de société urgents, comme c'est le cas par exemple pour la recherche d'antibiotiques « sans résistance ».

Afin de générer de façon presque mécanique de nouvelles idées alternatives, une deuxième astuce consiste à jouer sur les différentes définitions des mots présents dans votre idée initiale. Par exemple, en partant de l'idée d'un « café infantile », vous pouvez trouver différentes définitions de l'adjectif « infantile » pour proposer l'idée d'un café qui peut être consommé par les enfants (sans caféine, sous forme de bonbon, de glace, etc.), d'un café à la saveur de l'enfance ou encore d'un café vert qui ne serait pas arrivé à maturité et qui présenterait ainsi des propriétés gustatives inédites. Vous pouvez aussi considérer que le mot « café » désigne soit la boisson, soit la graine de café, soit le lieu où l'on consomme le café, et générer, là encore, de nouvelles alternatives. Les effets de fixation nous conduisant souvent à nous focaliser sur une unique définition, n'hésitez pas à consulter le dictionnaire pour lister les différents sens d'un mot : vous serez surpris du nombre de variations que cela peut offrir !

Idées

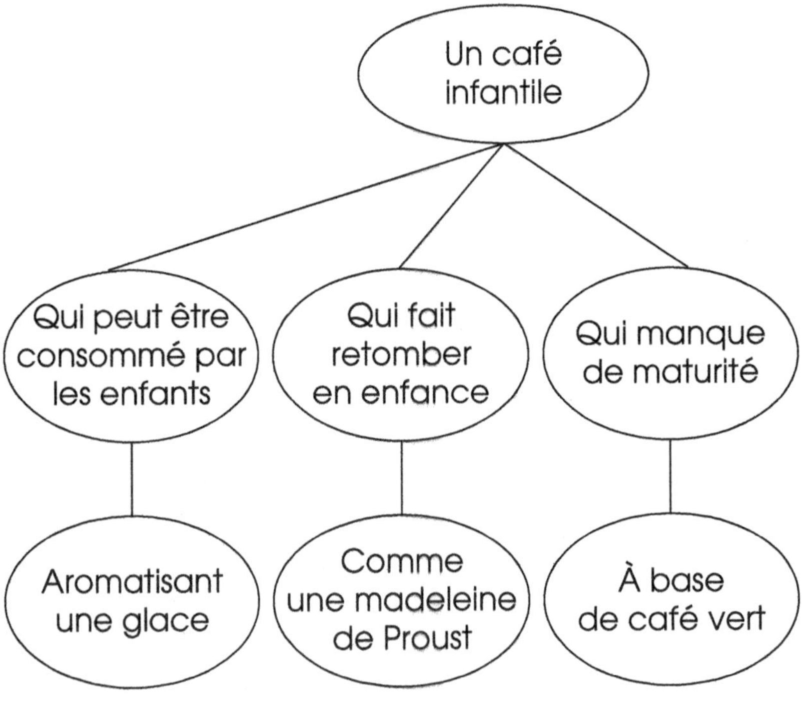
Un café infantile
Qui peut être consommé par les enfants
Qui fait retomber en enfance
Qui manque de maturité
Aromatisant une glace
Comme une madeleine de Proust
À base de café vert

Connaissances

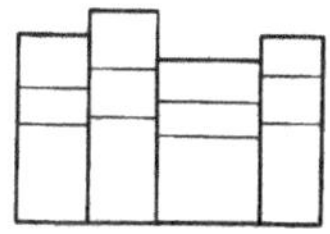

Sens alternatifs du mot « café »

- Une boisson
- Une graine
- Un lieu
- Un arôme

Propriétés du café vert

- Antioxydant
- Amincissant

Sens alternatifs du mot « infantile »

- Relatif à l'enfance
- Qui a conservé à l'âge adulte certains caractères de l'enfant
- Qui manque de maturité

Pour que vous puissiez vous entraîner de votre côté à la construction de cartes Idées/Connaissances, voici quelques sujets simples qui correspondent à des idées initiales désirables : « une pizza vertueuse », « un pansement rassurant », « une poubelle intelligente », « un métro souriant » ou encore « un chocolat augmenté ».

Chez vous ou au bureau, prenez une feuille de papier et tracez un trait au milieu : l'espace de droite est celui des « Connaissances », l'espace de gauche, celui des « Idées ». Inscrivez l'idée de départ : par exemple « la pizza vertueuse », tout en haut dans l'espace des idées, et commencez à lister ce que vous savez sur les mots « pizza » et « vertueuse ». Si vous souhaitez vous entraîner en partant de ce dernier sujet, demandez-vous s'il existe différents types de pizza (industrielles, maison...), quels sont les différents sens du mot « vertueux », etc. Là encore, n'hésitez pas à utiliser Internet pour vous aider à trouver l'inspiration. Dans l'espace des idées, inscrivez alors sous l'idée initiale les différentes formes que pourrait prendre cette pizza vertueuse : est-ce une pizza bonne pour la santé, une pizza sans impact sur l'environnement ou encore une pizza dont les bénéfices seraient reversés aux Restos du Cœur ? Quelles propriétés pouvez-vous enlever à la pizza (une pizza sans croûte, une pizza avec 0 % de matière grasse, une pizza sans farine ou encore sans emballage) ? Essayez de développer différentes alternatives et de les préciser (les pages suivantes présentent un début de cartographie correspondant à cet exercice, sachant qu'il n'y a jamais de solution unique pour développer l'idée initiale : les possibilités sont toujours multiples).

Idées

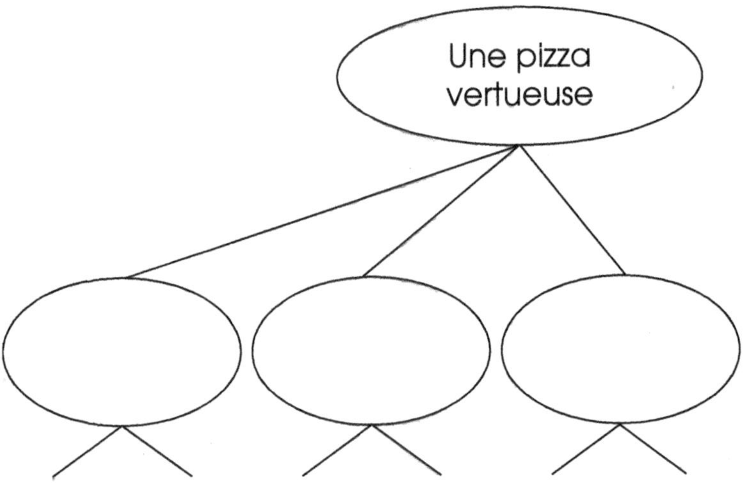

Connaissances

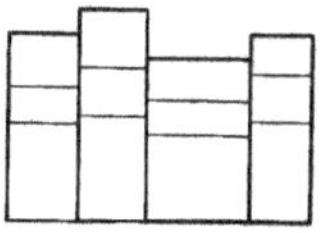

Idées

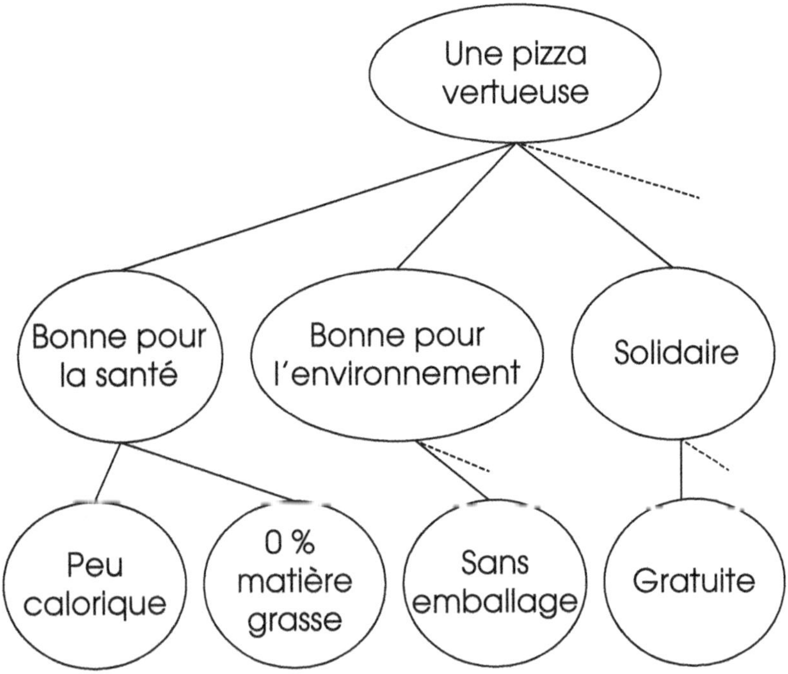
Une pizza vertueuse
Bonne pour la santé
Bonne pour l'environnement
Solidaire
Peu calorique
0 % matière grasse
Sans emballage
Gratuite

Connaissances

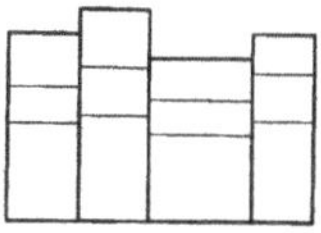

<u>Sens alternatifs du mot « vertueux »</u>

Qui possède des vertus

Honnête

Moral

<u>Les sept vertus cardinales</u>

Charité

Prudence…

<u>Propriétés de la pizza</u>

Pizza maison vs Pizza industrielle

Plat calorique

Dimension sociale

Repas « détente » ou sur le pouce

Ces quelques exemples simples permettent de comprendre la logique de construction d'une carte Idées/Connaissances. Dans la pratique, en revanche, une telle carte pourra porter sur des objets bien plus complexes comme « un passage à niveau sans collision », « du surf sans vague », « une restauration collective 100 % locale », « un exosquelette communicant », « des antibiotiques sans résistance », ou encore « une recharge communautaire pour véhicules électriques ». N'hésitez pas à tester cette méthode sur vos projets en cours en trouvant une formulation d'idée initiale appropriée. Allez chercher des connaissances originales dans la nature par biomimétisme, et inspirez-vous des connaissances qui relèvent du contre-exemple et de l'anomalie.

Une méthode comme la carte Idées/Connaissances retrace ainsi le raisonnement individuel de génération d'idées. En revanche, elle ne dit rien sur la façon dont il faut organiser un groupe pour générer collectivement ces bonnes idées. Or, ce sont souvent des collectifs – des équipes ou des groupes de travail dédiés – que l'on mobilise lorsqu'il s'agit de générer des idées nouvelles : l'innovation semble plus facile à plusieurs. Cependant, contrairement aux idées reçues, le passage de l'individu au groupe peut freiner la créativité. Cette baisse de performance s'explique par de nombreux phénomènes et nécessite là encore de se doter d'outils et de méthodes appropriés pour favoriser l'émergence des bonnes idées.

CHAPITRE 6

Explorer collectivement l'inconnu

Innover en groupe : avantage ou inconvénient ?

Il est souvent très difficile d'innover seul. Si quelques entrepreneurs multitâches parviennent à gérer tous les aspects de leur projet, de la technique à la gestion comptable, ils constituent cependant une exception: l'innovation suppose le plus souvent un travail collectif mêlant connaissances, compétences, expertises et métiers variés. Un tel melting-pot permet de multiplier les points de vue et de pouvoir mener à bien le nombre astronomique de tâches qui précède généralement l'arrivée sur le marché d'un nouveau produit ou service.

Le travail collectif possède également un enjeu social: afin de susciter l'adhésion de ses collaborateurs, il est essentiel de faire en sorte que la génération de nouvelles idées, comme la sélection des idées les plus pertinentes, soit menée en groupe, par le collectif, et non par un seul individu. Cela permet de partager la vision et de construire des projets considérés comme désirables et motivants par l'ensemble des métiers et des expertises.

Mais, si le travail collectif présente a priori un grand nombre d'avantages lorsqu'il s'agit de générer de bonnes idées, un groupe ne se révélera pas nécessairement plus performant qu'un individu isolé. En effet, contrairement aux idées reçues, le collectif est en général moins créatif que l'individu seul. Vous souvenez-vous de ces fameux effets de fixation qui génèrent pléthore de parachutes, de matelas et de coques de papier bulle en réponse au problème de l'œuf[1] ? Alors qu'un individu est naturellement fixé par les solutions les plus classiques, la fixation est renforcée en contexte collectif : ainsi, plusieurs personnes travaillant ensemble sur le problème de l'œuf produiront une proportion encore plus importante de parachutes, de matelas et de coques de papier bulle.

Les chercheurs Michael Diehl et Wolfgang Stroebe de l'université de Tübingen en Allemagne ont montré que les idées produites par un groupe pendant un brainstorming se révèlent en moyenne moins créatives que celles produites par des individus isolés.

---

1. Voir p. 78.

Deux phénomènes viennent expliquer cette baisse de créativité collective : l'effet de conformisme et la paresse sociale. L'effet de conformisme correspond à notre tendance à adopter les idées d'autrui afin d'éviter la confrontation et de nous faire mieux accepter du groupe. Il aura ainsi pour effet de réduire la variété des idées proposées. Les quelques idées originales ayant résisté aux effets de fixation individuels seront alors plus facilement écartées. La paresse sociale désigne, quant à elle, un phénomène que nous connaissons tous très bien : plus il y a de personnes dans un groupe, moins chacun se sent responsable des résultats du groupe. Si un individu seul s'investit à 100 % dans sa tâche, chaque membre d'un groupe composé de quatre personnes s'investira à environ 75 %, chaque membre d'un groupe de six personnes à 60 %, etc. En groupe, un individu sera donc en moyenne moins investi dans une tâche de créativité que s'il travaillait de façon isolée.

La paresse sociale et l'effet de conformisme impactent ainsi négativement la performance du collectif et renforcent les effets de fixation individuels. Quelques règles pratiques permettent cependant de réduire cet impact négatif du collectif sur la créativité. On peut par exemple éviter de former des groupes de travail de plus de six personnes ou encore prévenir les jugements négatifs sur les idées nouvellement générées en brainstorming. La méthode des 6 chapeaux de de Bono permet d'alterner les modes de pensées et de jugements en session de créativité collective. De la même façon, quelques règles pratiques peuvent aussi être proposées afin d'utiliser le plus efficacement possible la méthode de la cartographie Idées/ Connaissances avec un collectif.

Varier les postures en créativité Les 6 chapeaux de la pensée

Ces six chapeaux métaphoriques ont été inventés par Edward de Bono afin de varier les postures et les jugements en session de créativité collective. Chaque chapeau représente un type de pensée spécifique.

1. Le **chapeau blanc** s'intéresse aux faits et aux données. Il pose des questions afin d'acquérir de nouvelles informations.
2. Le **chapeau rouge** partage ses intuitions, son ressenti, ses émotions. Ses sentiments n'ont pas besoin d'être justifiés.
3. Le **chapeau noir** correspond à la posture de la prudence et du jugement négatif. Il recherche les arguments logiques mettant en évidence les points faibles des idées proposées.
4. Le **chapeau jaune** recherche les arguments logiques en faveur d'une idée et en montre les bénéfices : c'est une posture positive et optimiste.

5. Le **chapeau vert** est celui de la créativité. Il propose des alternatives aux idées déjà générées et met en évidence de nouvelles directions d'exploration.
6. Le **chapeau bleu** contrôle le déroulement de la session collective, propose des changements de chapeaux pour relancer la dynamique du groupe et le faire progresser (c'est un « méta-chapeau »).

Alterner les chapeaux, en enlever un pour en mettre un autre, permet ainsi de changer rapidement son attitude vis-à-vis des idées générées :

- Une personne peut demander à une autre de changer de chapeau (par exemple, de passer du chapeau noir au chapeau jaune) afin de faire varier son mode de jugement sans l'offenser.
- Chaque membre du groupe peut exprimer son opinion sous la protection d'un chapeau spécifique : on peut utiliser le chapeau rouge pour exprimer une forte intuition positive sur une idée sans avoir immédiatement à la justifier et l'argumenter.
- Un individu peut demander au groupe entier d'adopter l'un des chapeaux pendant quelques minutes. Adopter le chapeau vert aidera notamment le groupe à proposer de nouvelles alternatives.

Le groupe peut également suivre une séquence préétablie qui définit l'ordre d'utilisation des chapeaux, par exemple : blanc (pour réunir des informations), puis vert (pour générer des idées), jaune et noir (pour peser le pour et le contre de chaque idée), rouge (pour recueillir les premières impressions et les éventuels coups de cœur), puis bleu (pour définir le type de pensée à adopter pour l'étape suivante), etc.

À présent, à vous de jouer !

Quelques règles pratiques

Comme toute méthode, la carte Idées/Connaissances est un outil qui demande un certain temps d'apprentissage avant de pouvoir en maîtriser correctement la logique et d'être capable de l'appliquer à des sujets complexes. Quand la taille du collectif à mobiliser est très importante, il devient difficile de construire une telle cartographie et de prendre le temps de former tous ses membres à la méthode. Pour pouvoir utiliser cette méthode avec un groupe important, une première solution consiste à préparer une carte Idées/Connaissances de son côté, pour ensuite la présenter au collectif dans le but de le faire réagir. Afin d'optimiser les discussions, on peut appliquer deux nouvelles astuces qui reposent respectivement sur un code couleur et sur des critères d'évaluation.

Tout d'abord, vous pouvez attribuer un code couleur aux différents types d'idées et de connaissances inscrites dans votre carte. Voici un exemple de couleur :

- **Bleu foncé :** pour une idée peu originale dont la réalisation ne posera pas de problème particulier et qui se réfère déjà à un grand nombre de produits existants.
- **Bleu clair :** par opposition, pour les idées nouvelles que vous jugez atteignables rapidement.
- **Vert :** pour les idées très en rupture, qui demanderont à votre organisation beaucoup d'efforts de conception.

- **Blanc :** pour une connaissance que l'équipe maîtrise déjà.
- **Jaune :** pour ce qu'elle est en train de développer.
- **Rouge :** pour une connaissance manquante qui sera à acquérir.

Lorsque vous présentez la carte et son code couleur à vos collaborateurs, demandez-leur de mettre à l'épreuve vos choix : la connaissance notée comme acquise est-elle véritablement maîtrisée ? Cette idée est-elle vraiment en rupture ? Manque-t-il des connaissances essentielles ? Y a-t-il des catégories d'idées qui ne sont pas encore représentées ? Ces questions seront prétexte à discuter de l'état de l'art, enrichir les connaissances et générer de nouvelles idées qui viendront compléter votre carte. Le but est que le groupe s'approprie votre représentation et se lance dans l'exercice sans rien connaître de la méthode. Une deuxième astuce pour animer les discussions consiste à présenter à l'équipe quatre critères permettant d'évaluer la qualité de la carte pour la challenger et l'enrichir[1]. Une carte Idées/Connaissances peut être évaluée selon :

1. Sa variété.
2. Son originalité.

1. Vous pouvez également vous appuyer sur ces critères pour construire seul votre carte.

3. Sa valeur.

4. Sa robustesse[1].

Demandez ainsi à votre équipe si elle juge les idées présentées suffisamment variées et originales, si la carte introduit de nouveaux acteurs rarement mobilisés sur la thématique traitée, ou encore si les connaissances mentionnées reposent sur des technologies robustes.

Ces discussions sont souvent riches et permettent de faire avancer l'exploration. Mais, lorsque le groupe dépasse la dizaine de personnes, le faire réagir sur une carte Idées/Connaissances est susceptible de ralentir sa progression. Par ailleurs, faire coïncider les agendas de quarante personnes est un tel casse-tête que l'on ne peut pas se permettre de perdre du temps à expliquer une nouvelle méthode sans être certain d'avoir l'opportunité d'améliorer significativement la qualité du travail présenté. Pour contourner cette difficulté, un format d'atelier permet de reproduire la logique de la carte Idées/Connaissances sans que les participants aient à l'apprendre.

---

1. Ces quatre critères sont présentés dans l'encadré suivant.

Évaluer rapidement une exploration de nouvelles connaissances et de nouvelles idées

Quatre critères permettent d'avoir un aperçu rapide de la qualité d'une exploration mobilisant de nouvelles connaissances et de nouvelles idées :

1. **La variété :** l'exploration sera considérée comme variée si les idées proposées adressent différentes familles et catégories d'idées.
2. **L'originalité :** l'exploration sera originale si elle a permis de générer un grand nombre d'idées surprenantes et en rupture.
3. **La valeur :** l'exploration présentera une bonne valeur si elle fait apparaître des acteurs qui ne sont pas habituellement associés au thème exploré. Ce sera par exemple le cas si un parfumeur est mentionné dans le cadre d'une exploration sur le thème du café.
4. **La robustesse :** l'exploration sera considérée comme robuste si les connaissances mobilisées résistent à un changement de contexte. Par exemple, les technologies mentionnées pourront être intégrées à un grand nombre d'objets différents, les expériences servant de référence suivront la même loi en cas de modification importante des paramètres, etc.

Appliquer ces quatre critères d'évaluation permettra d'identifier rapidement les points faibles d'une exploration créative afin de mieux la relancer. Ainsi, si sa valeur est jugée faible, on se demandera quels nouveaux acteurs pourraient être pris en compte et quelles nouvelles idées pourraient être alors développées.

Un atelier pour explorer collectivement les idées et les connaissances

Tout comme la carte Idées/Connaissances, un tel atelier a pour sujet une idée surprenante mais désirable. Prenons l'exemple du thème « agriculture autonome et connectée » : l'arrivée des nouvelles technologies dans les exploitations agricoles donne parfois l'impression aux agriculteurs qu'ils risquent bientôt de ne plus maîtriser l'information sur leur exploitation et de perdre ainsi leur autonomie décisionnelle. Mais les nouvelles technologies comme les objets connectés pourraient également les aider à gagner du temps, à contrôler l'apparition des maladies sur l'exploitation et à réaliser certaines tâches, et ce, sans pour autant éclipser l'humain, son savoir-faire et son expérience. Une agriculture connectée qui favoriserait l'autonomie décisionnelle des agriculteurs irait ainsi dans le sens d'un désirable à la fois pour le monde agricole et pour les acteurs de l'innovation technologique.

Au printemps 2017, un atelier organisé au sein de Télécom ParisTech a permis de réunir des agriculteurs, des chercheurs, des start-up et des PME afin que ces acteurs réfléchissent ensemble à des pistes qui feraient d'une agriculture autonome et connectée un désirable commun. Cet atelier s'est déroulé en deux temps : une phase consacrée à un partage de connaissances et une phase dédiée à la génération d'idées. Au cours de la phase « Connaissances », des exposés ont été présentés à l'ensemble des participants sur des sujets variés : certains abordaient les nouvelles connaissances développées dans le domaine de l'agriculture autonome et connectée, d'autres présentaient des connaissances un peu décalées, chargées d'introduire de la rupture pour nourrir de nouvelles idées. Parmi les intitulés d'exposés présentés lors de cet atelier, on comptait notamment : « Les données utiles à la gestion économique et technique d'une exploitation », « La souveraineté technologique des agriculteurs » ou « La vision par ordinateur appliquée à l'optimisation du *workflow* ». Au cours de la phase d'idéation, les participants répartis en sous-groupes ont ensuite généré des idées autour de quatre grands thèmes :

1. **« L'agriculteur omniscient » :** quelles nouvelles solutions numériques pour améliorer l'autonomie et la souveraineté des agriculteurs ?
2. **« La culture Amazon Go » :** comment rapprocher le consommateur final et l'agriculteur en développant de nouvelles voies d'accès aux exploitations ?

3. **« Cultiver la donnée » :** comment valoriser les données des exploitations, les interpréter, voire leur donner une seconde vie ?
4. **« Un patrimoine sur-mesure » :** comment utiliser les données et les objets connectés afin de créer de la valeur pour les territoires et les régions ?

Mêlant exploration des connaissances et des idées, ce format d'atelier reproduit ainsi la logique d'une carte Idées/Connaissances. Cependant, afin de ne pas perdre de temps, une injection massive de connaissances est réalisée en début d'atelier pour donner aux participants le plus de ressources possible pour générer des idées originales. Par ailleurs, en phase d'idéation, il n'est pas demandé aux participants de construire une carte : ils réalisent un brainstorming classique, mais sur des thèmes imposés appelés « concepts projecteurs ». Ces concepts ne sont pas choisis au hasard : ils donnent des sujets précis et ciblés et, tout comme le thème de l'atelier, ils sont formulés sous la forme d'idées désirables. Ils sont ainsi appelés « projecteurs », car ils mettent en lumière un aspect spécifique du sujet traité afin que le groupe y consacre toute son attention.

Vous l'aurez peut-être deviné, afin de choisir les connaissances à partager, ainsi que les concepts sur lesquels faire travailler les participants, les organisateurs de l'atelier réalisent en amont une carte Idées/Connaissances sur laquelle repose l'élaboration du contenu de l'atelier. La réalisation de cette carte s'inscrit dans une phase de préparation, souvent réalisée par une équipe restreinte, alors que l'atelier fait en général intervenir un nombre de participants bien plus important.

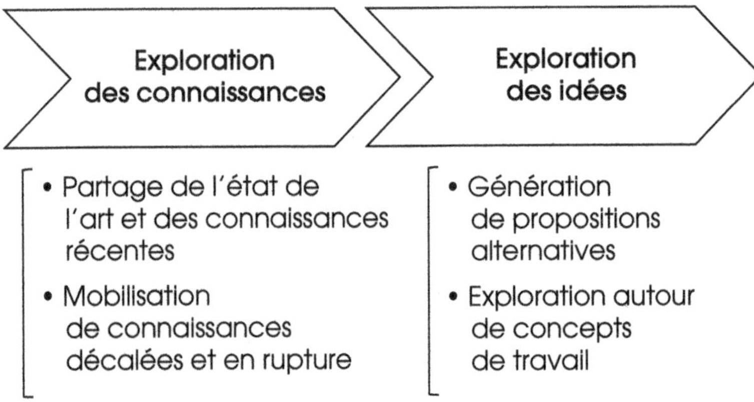

La préparation vise à définir le thème précis de l'atelier, à explorer ce sujet via la cartographie et à décider du contenu des deux phases qui composeront l'atelier. La première phase correspond à des ateliers consacrés au partage de connaissances, tandis que la deuxième phase repose sur des ateliers dédiés à la génération d'idées. Avec un grand bloc « Connaissances » d'une part, et un grand bloc « Idées » d'autre part, on rationalise au maximum la logique faisant dialoguer idées et connaissances, tout en évitant de multiplier les allers-retours entre des phases de nature différente. Par ailleurs, le nombre de sessions

« Connaissances » et le nombre de sessions « Idées » dépendent à la fois du sujet et du temps que l'on souhaite consacrer à son exploration. Si certains ateliers mobilisent une demi-journée pour chaque phase sur une même semaine, certains comprennent parfois cinq jours de partage de connaissances et trois jours d'idéation, répartis sur plusieurs mois. Au cours de la phase consacrée aux connaissances, le collectif partage les connaissances essentielles à la bonne compréhension commune du sujet, mais il acquiert également des connaissances originales, parfois un peu décalées, qui viendront alimenter la génération d'idées. Au cours de la phase d'idéation, le collectif génère des solutions alternatives adressant le thème de l'atelier et produit un maximum d'idées, les plus variées et les plus originales possible. Un ou plusieurs animateurs sont également présents pour soutenir cet effort d'exploration des nouvelles idées. Les participants travaillent en général en sous-groupes sur différentes thématiques ciblées : les fameux « concepts projecteurs ».

Coup de projecteur

Au printemps 2018, un atelier similaire a été organisé au sein de l'INRA (l'Institut national de la recherche agronomique) afin d'imaginer des questions de recherche qui pourraient être communes à la production agricole et à la transformation alimentaire.

En effet, les deux champs travaillent aujourd'hui de façon relativement déconnectée, ce qui impacte leurs capacités d'innovation respectives : les innovations agricoles sont parfois incompatibles avec les standards de la transformation alimentaire, et vice versa. Par exemple, une diminution de l'usage d'engrais sur le blé permet de mieux contrôler la pollution de l'eau par l'agriculture, mais elle peut entraîner une diminution de la teneur en protéines de la farine, ce qui compromettrait alors la fabrication du pain avec les procédés actuels de l'industrie agro-alimentaire. Afin d'explorer la question de l'innovation couplée entre production agricole et transformation alimentaire, trois journées d'atelier ont été organisées, réunissant au total une vingtaine de chercheurs de disciplines différentes. Une carte Idées/Connaissances réalisée en amont a permis d'identifier six voies d'exploration :

1. L'innovation pour la valorisation des ressources.
2. L'innovation favorisant le local et sa désirabilité.
3. L'amélioration de la (bio)diversité du champ à l'assiette.
4. Le développement de l'agri-alimentaire[1] de terroir.
5. Une nouvelle ingénierie des systèmes alimentaires.

1. Le terme « agri-alimentaire » englobe les secteurs de l'agriculture et de l'agro-alimentaire.

6. L'innovation participant à l'économie symbiotique[1].

Pour piloter la phase de créativité, sept concepts projeteurs ont été formulés à partir de l'exploration de ces différentes voies : « une alimentation zéro déchet », « la restauration collective 100 % locale », « le frigo 100 % local », « le mélange d'espèces, du champ jusque dans l'assiette », « un terroir durable », « un terroir à inventer » et « une gastronomie végétale ». Ces concepts projecteurs permettaient d'adresser différents aspects de la thématique, assurant ainsi une exploration variée.

Leur formulation, accessible à tous mais provocante, a permis de donner naissance à des questions originales : par exemple, alors que la notion de terroir est étroitement associée à la tradition, quelles méthodes permettraient de concevoir facilement de nouveaux produits typiques et de nouveaux terroirs ?

Il n'existe malheureusement pas de recette simple pour construire l'intitulé de ces concepts projecteurs.

---

1. L'économie symbiotique est un concept développé par l'environnementaliste française Isabelle Delannoy : elle prône une économie régénératrice de nos ressources, plutôt que consommatrice de ces dernières. Ce concept repose sur la mise en symbiose des différents éléments d'un écosystème : l'énergie dégagée par les data centers permettrait par exemple de chauffer des logements, des centres aquatiques ou encore des serres ; et les déchets d'une industrie seraient systématiquement les matières premières d'une autre.

On peut néanmoins retenir quelques principes aidant à créer ces points de départ à la réflexion collective. Tout d'abord, un concept projecteur doit être écrit sous la forme d'un intitulé à la fois inconnu et désirable : par exemple, le concept d'« alimentation zéro déchet » renvoie à la fois à quelque chose qui n'existe pas encore et à une direction désirable. De même pour l'idée d'une « gastronomie végétale » : on connaît peu de traditions gastronomiques exclusivement végétales (les légumes, en particulier, sont rarement les chouchous de nos assiettes), mais, dans le même temps, diminuer la consommation de protéines animales permettrait de mieux contrôler l'impact de l'élevage sur l'environnement.

Par ailleurs, les différents concepts projecteurs sont construits à partir de la carte Idées/Connaissances. Dans notre exemple, les concepts de « terroir durable » et de « terroir à inventer » étaient tous deux issus d'une même voie explorant le développement de l'agri-alimentaire de terroir. Cependant, il n'existe pas de recette toute faite pour générer ces intitulés à partir de votre cartographie : un concept projecteur correspondra parfois à l'une des idées écrites dans la carte, mais, le plus souvent, il sera la somme de plusieurs idées, parfois issues de voies très différentes et réunies sous une formulation unique. Il faudra ainsi se demander quels sont les sujets sur lesquels le collectif doit travailler en priorité et transformer ces sujets en formulations inconnues et désirables.

Enfin, on pourra vérifier que les intitulés construits réunissent deux types de concepts projecteurs : d'un côté, des concepts « parures » qui attribuent une nouvelle propriété à un objet donné, sans que cette propriété ne rediscute profondément son identité. D'autre part, des concepts « ruptures » qui introduisent, au contraire, une très forte rupture d'identité. Dans notre exemple, le concept de « terroir à inventer » est un concept de type « rupture » : il met en opposition innovation et tradition et pousse à explorer la création d'un objet habituellement hérité d'une histoire régionale. À l'inverse, l'idée de « terroir durable » est plutôt un concept « parure » : explorer la durabilité des terroirs ne conduit pas nécessairement à rediscuter en profondeur leur identité, mais cela suppose d'imager tout de même de nouvelles innovations.

Nous avons vu quelques principes d'organisation d'un atelier explorant méthodiquement les idées et les connaissances afin de mieux innover. Un dernier élément peut être mobilisé pour favoriser la création d'objets qui n'existent pas encore et libérer la génération d'idées dans ce type d'atelier : il s'agit de notre imaginaire.

Faire jouer les imaginaires

Prenez quelques instants pour réfléchir à cet exercice créatif : imaginez que vous êtes professeur et que vous devez organiser un voyage pédagogique innovant pour vos élèves. Que pouvez-vous leur proposer ? N'hésitez pas à prendre quelques minutes pour réfléchir à des propositions originales de voyage. Où pouvez-vous emmener vos élèves ? Et dans quel but pédagogique ?

À présent, réalisez ce second exercice : dans un premier temps, listez les mots que vous inspirent les personnages d'Agatha Christie, de l'oncle Picsou et de Maître Yoda.

Enfin, un troisième exercice : proposez tour à tour un voyage pédagogique organisé par Agatha Christie, l'oncle Picsou et Maître Yoda...

En principe, vos trois propositions de voyage seront très différentes les unes des autres. La reine du crime, Agatha Christie, organisera peut-être un tour à bord de l'Orient-Express avec des énigmes à résoudre. L'oncle Picsou, un chasseur de trésors, milliardaire, mais néanmoins avare, emmènera peut-être sa classe pour un tour du monde des musées de la monnaie, ou peut-être préférera-t-il organiser un voyage virtuel avec des lunettes 3D, bien plus pratique et surtout bien moins cher. Enfin, Maître Yoda proposera peut-être un voyage interstellaire permettant d'apprendre à ses élèves les secrets de la Force. Grâce à ces personnages, vous aurez probablement réussi à générer des propositions très originales pour votre voyage pédagogique. Et chaque proposition s'éloigne sans doute radicalement des deux autres.

Ces trois personnages mobilisent des imaginaires très différents. Il est possible que vous ne connaissiez pas bien l'un d'entre eux, mais, en général, ils sont facilement associés par notre cerveau à un univers donné. Ce dernier peut alors constituer le point de départ de nouvelles propositions. La mobilisation de l'imaginaire favorise ainsi la génération d'idées originales. Par ailleurs, c'est une astuce qui s'applique très bien à l'échelle collective, car il est facile de recourir à des imaginaires partagés par un grand nombre de personnes, comme l'imaginaire spatial ou encore l'imaginaire médiéval.

En plus d'aider à générer plus facilement des idées, le recours à l'imaginaire peut également faciliter la projection dans le futur. En effet, l'innovation suppose souvent d'inventer les objets de demain : dans la plupart des cas, nous nous concentrerons sur un objet donné pour en imaginer de nouvelles formes qui existeront dans un futur plus ou moins proche. Mais, dans le futur, cet objet n'aura pas été le seul à être réinventé : tout son environnement aura changé. Par exemple, une voiture innovante évoluera probablement dans une ville innovante où les logements, les routes, la signalisation ou encore le mobilier urbain seront, eux aussi, différents de ce que nous connaissons aujourd'hui. Il peut être ainsi très utile de réaliser un exercice de projection dans un ou plusieurs futurs possibles pour la ville, avant d'imaginer ce que pourrait être une voiture innovante. De façon générale, la projection dans le futur permet d'anticiper d'éventuelles barrières, et surtout, d'ouvrir de nouvelles possibilités. Il s'agit moins de prévoir le futur le plus probable, que de proposer des futurs possibles, sources d'inspiration.

Le recours aux imaginaires permet de créer facilement ces différents futurs possibles. Imaginez une ville qui serait construite sur le modèle du vaisseau spatial : elle serait probablement économe en ressources et à la pointe de la technologie. Et que donnerait une ville construite sur le modèle de l'île déserte ? Cette cité aurait probablement peu de ressources à sa disposition, et ses habitants seraient sans doute spécialistes de l'innovation frugale et du système D. De cette façon, les imaginaires permettent de créer des modèles de villes « futuristes », présentant certes une vision très polarisée et peu probable du futur, mais permettant d'orienter la génération d'idées dans une direction donnée.

Imaginez à présent que vous deviez organiser un atelier collectif visant à proposer de nouvelles innovations pour notre système éducatif. Pour aider les participants à imaginer ce que pourrait être le futur de l'éducation, vous pourrez les projeter dans différents univers imaginaires, représentant chacun un futur possible, volontairement construit autour d'une thématique spécifique : que deviendrait par exemple l'éducation dans Space City, une ville vaisseau spatial ?

Et dans Zen City, réputée pour sa douceur de vivre où le bien-être des habitants passe avant tout ? Et enfin, quel système éducatif pour Island City, une ville où les ressources sont rares ? Vous pourrez ainsi choisir de créer des futurs désirables ou encore dystopiques. En fonction du contexte de l'atelier, certains pourront se révéler particulièrement pertinents : Island City, cette ville « île déserte » peut inviter à penser des solutions pour des régions du monde où les ressources et les moyens sont rares, tandis que Space City posera la question de la place de l'innovation technologique, de son acceptation, de ses nouveaux usages et de ses conséquences. Dans un atelier collectif visant à explorer Idées et Connaissances, il est ainsi possible, lorsque cela est pertinent, de proposer aux participants de se projeter dans l'une de ces villes afin de générer des idées sur l'objet à inventer ou à réinventer. Le choix des imaginaires mobilisés devra se faire de façon stratégique en fonction des sujets que vous souhaitez explorer.

Si une bonne expérience de telles méthodes est nécessaire pour être capable d'organiser seul un atelier Idées/Connaissances, les principes sous-jacents s'apprennent assez rapidement. Pour approfondir ce sujet, n'hésitez pas à vous renseigner, à expérimenter par vous-même et à vous faire accompagner, afin de lancer une première tentative au sein de votre équipe ou de votre entreprise. Les astuces et méthodes qui vous ont été présentées constituent seulement un petit échantillon d'exemples parmi le grand nombre de ressources disponibles. Votre curiosité vous conduira peut-être à explorer d'autres techniques permettant d'aider un collectif à mieux innover.

Vous êtes à présent doté de quelques outils soutenant la génération d'idées et facilitant la conception de nouveaux objets. Mais avez-vous déjà remarqué que certains objets sont eux-mêmes conçus pour vous aider à mieux concevoir ? À une échelle plus importante et avec une portée plus large, il y existe des produits capables de développer la créativité de communautés entières (usagers, clients ou encore consommateurs). En réalité, il nous arrive souvent de croiser ces fameux objets générateurs d'idées, sans réaliser qu'ils possèdent, en fait, un incroyable pouvoir : celui d'accroître notre inventivité.

CHAPITRE 7

Objets générateurs d'idées

De l'inventeur au destinataire

Aucune invention n'a pour vocation première de prendre la poussière sur une étagère: la conception d'un nouveau produit s'accompagne quasi-systématiquement d'une intention d'usage futur, soit par l'inventeur lui-même, soit par d'autres usagers. Cette utilisation de l'objet peut prendre des visages variés, de la simple contemplation à distance à l'interaction quotidienne et quasi-permanente qui caractérise souvent notre relation au smartphone. Anticipant les besoins et les attentes du destinataire de l'invention, son concepteur aura alors en tête un certain nombre d'usages futurs pour l'objet qu'il imagine. Cependant, l'usage que le destinataire fait de l'objet surprend parfois le concepteur.

Ainsi le Vélib' parisien avait-il pour vocation première de devenir un service d'autopartage de vélos qui permettrait de circuler dans Paris et sa proche banlieue en déplaçant les vélos d'une station à une autre. Or des usages plus inattendus sont également apparus : certaines personnes utilisent les Vélib' installés sur les bornes proches des laveries pour lire un livre au soleil en attendant la fin de leur lessive, d'autres retournent la selle d'un vélo endommagé pour signaler au prochain utilisateur un problème de fonctionnement (cet usage est d'ailleurs devenu un code de communication communautaire sur l'état du vélo). Force est de constater que si l'inventeur réalise une bonne partie de la conception d'un produit, le destinataire participe, lui aussi, à cette conception en inventant de nouveaux usages, quitte à parfois complètement détourner l'objet de son but initial. D'une certaine façon, l'usager poursuit ainsi le travail de conception de l'inventeur.

À la poursuite de la conception

Quelle est alors la marge de manœuvre de l'usager ? Quelles dimensions de l'objet peut-il concevoir ? Lorsque nous découvrons un produit, nous pouvons interagir avec lui de deux façons : nous allons le mettre en action (le soulever, le déplacer ou encore le faire pivoter), et lui faire remplir une fonction donnée. Prenons l'exemple d'un objet simple comme la clé. L'usage classique d'une clé correspond au verrouillage ou déverrouillage d'une porte : dans ce cas, notre action sur la clé sera de l'insérer dans une serrure et de la tourner afin d'assurer sa fonction d'ouverture de la porte. Mais on lui trouve également d'autres types d'usages, qui font intervenir de nouveaux couples « action/fonction » : on peut offrir de façon symbolique les clés d'une ville à une personnalité (action) comme témoignage de la gratitude de ses habitants (fonction). L'usage que l'on fait d'un objet peut être ainsi représenté par l'association d'une action et d'une fonction.

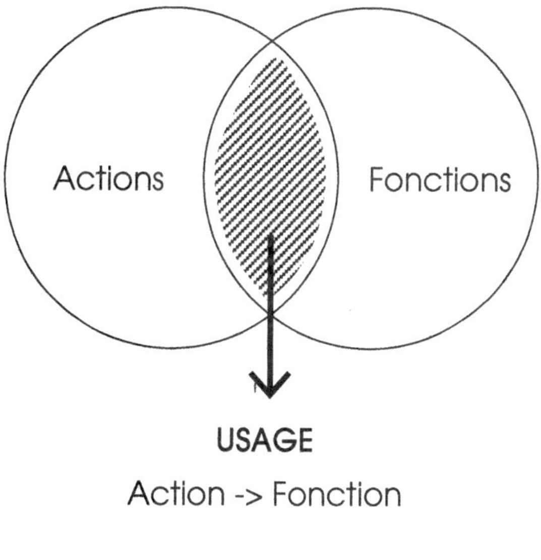

Un grand nombre d'objets révèlent très facilement leur catalogue d'usages à l'utilisateur : le couteau suisse, par exemple, présente un éventail d'usages très facilement identifiables. En revanche, d'autres objets se montrent beaucoup plus mystérieux. C'est notamment le cas du « missing object » conçu par le designer allemand Konstantin Grcic : constitué d'un bloc de bois muni de deux poignées excavées, cet objet a été pensé afin que sa fonction demeure mystérieuse. On peut toutefois lui trouver un usage, mais ce sera cependant nécessairement inattendu.

C'est lorsque l'ensemble des usages possibles ne se dévoile pas au premier coup d'œil que l'utilisateur peut pleinement jouer son rôle de concepteur. La Kinect – un produit Microsoft permettant de détecter les mouvements corporels – correspond à cette catégorie d'objets qui présentent une grande liberté d'usage : des joueurs de jeux vidéo l'utiliseront pour jouer sans manette, des chirurgiens feront défiler des radios sur un écran sans avoir à le toucher, des musiciens s'en serviront pour répéter sans instruments, et des chercheurs l'emploieront pour détecter des émotions sur un visage. En observant un tel objet, l'usager pourra essayer de se représenter d'une part les différentes actions qu'il peut avoir sur lui, d'autre part les différentes fonctions qu'il pourrait remplir, pour ensuite imaginer de nouvelles associations entre actions et fonctions.

En fonction de leur rapport à l'usage, il est ainsi possible de distinguer deux types d'objets : des objets porteurs d'usage comme le couteau suisse, et des objets générateurs d'usage comme la Kinect. Pour les premiers, la plupart des usages sont faciles à identifier et très peu de place est laissée à la proposition de nouveaux usages. Pour les seconds, quelques utilisations se révèlent intuitives, mais un grand nombre d'usages peuvent encore être conçus. Les objets générateurs d'usage permettent ainsi à leurs destinataires d'exercer leur créativité.

Produit porteur d'usage

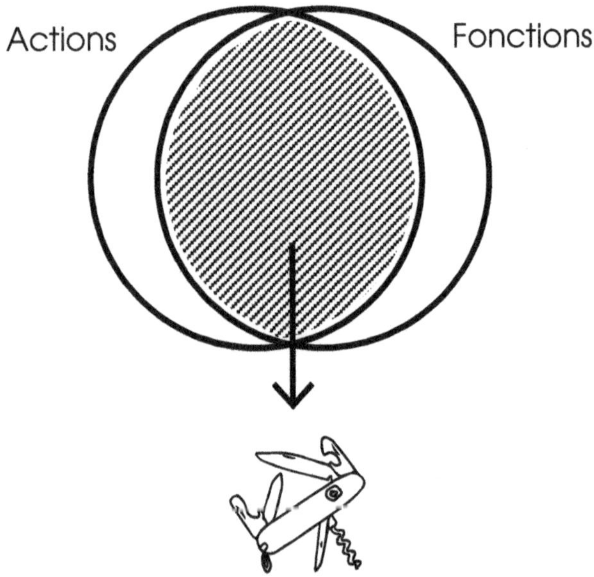

Un grand nombre de couples
« Action -> Fonction »
est porté par le produit

(L'usage est facile à comprendre)

Produit générateur d'usage

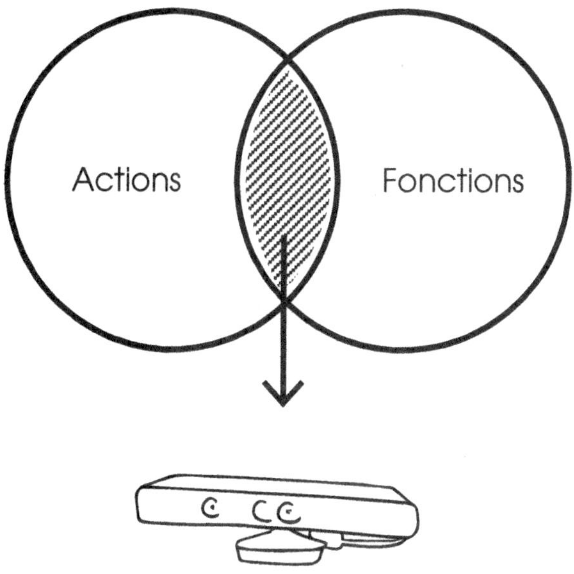

Seulement quelques couples
« Action -> Fonction »
sont portés par le produit

(L'usage ne se présente pas
de façon évidente)

Outils de personnalisation

Certaines entreprises ont bien compris cette logique de l'usager-concepteur et commercialisent volontairement des objets générateurs d'usage. Ces derniers offrent une grande possibilité de personnalisation. Ainsi, si l'iPad remplit les mêmes fonctions qu'un ordinateur ou qu'un smartphone (lire des e-mails, effectuer une recherche sur Internet ou regarder une vidéo), il offre également une foule d'usages plus inattendus parmi lesquels il est possible de piocher en fonction de ses besoins : l'iPad permet de jouer du piano, de faciliter l'expérience de navigation des enfants qui rencontrent des difficultés à manipuler une souris d'ordinateur, ou encore d'aider des personnes handicapées à mieux communiquer avec leur entourage. Les chercheurs Eric von Hippel et Ralph Katz ont récemment théorisé ce concept d'objet spécifiquement conçu pour renforcer nos qualités créatives et conceptives en lui donnant le nom de « toolkit ». Parmi les toolkits les plus connus, la plateforme Nike By You permet par exemple à chacun de concevoir une paire de baskets véritablement unique en personnalisant un grand nombre de paramètres de la chaussure, depuis la couleur du célèbre logo à la forme des impressions sur la semelle. Ces interfaces utilisateurs permettent ainsi à l'usager de concevoir un produit qui répond le plus fidèlement possible à ses attentes et besoins.

Booster la créativité de l'usager

Bien qu'ils soient créés pour laisser à l'usager une marge de manœuvre créatrice, les toolkits ne facilitent cependant pas tous la conception de nouveaux usages de la même façon. Un modèle de basket de la marque Adidas intègre par exemple un toolkit qui permet à l'utilisateur de changer certaines caractéristiques de la chaussure, notamment l'amorti de la semelle : un joggeur pourra ainsi modifier la réaction de sa chaussure en fonction du terrain, un peu comme on changerait les vitesses d'un vélo. Cette basket correspond bien à un toolkit permettant de modifier facilement l'usage, mais l'éventail des possibilités reste assez restreint.

D'autres toolkits offrent beaucoup plus de place à la conception de nouveaux usages. C'est le cas du software Emotio imaginé pour combiner différentes applications smartphone dans de nouveaux usages : l'association des fonctions réveil et météo permettra par exemple d'avancer automatiquement l'heure du réveil en cas de neige. Il sera également possible de configurer le téléphone pour que le wifi soit automatiquement activé à notre arrivée au bureau ou éteint au moment de nous endormir.

Cependant, cette grande liberté d'actions provoque souvent un blocage chez l'usager : il ne sait pas par où commencer son travail de conception et il peut être facilement insatisfait par ce qu'il propose. Pour vous représenter cette difficulté, imaginez que l'on vous demande de choisir un parfum de glace entre trois saveurs classiques : vanille, fraise et chocolat. Votre choix sera simple, vous avez sans doute déjà un parfum préféré parmi les trois. Certains glaciers essayent cependant de nous contenter davantage en proposant un très grand nombre de possibilités, et il arrive que devant une vingtaine, voire une trentaine de parfums, la décision soit bien plus longue à prendre : difficile de se décider entre le parfum Nutella et la saveur violette. Si jamais on hésite pour la violette, il y a de fortes chances que l'on se voit déjà regretter de ne pas avoir donné davantage de crédit au parfum mangue ou fruit de la passion. De la même façon, lorsque les objets générateurs d'usage nous laissent beaucoup de liberté, nous pouvons ainsi être victimes d'un blocage et ne plus savoir par où commencer à explorer le grand champ de possibilités qui nous est offert.

Cette conception de nouveaux usages n'est donc pas toujours un jeu d'enfant, et l'usager peut être facilement victime du syndrome de la page blanche. Il faut alors trouver un moyen de renforcer sa créativité et d'aider son cerveau à imaginer de nouveaux couples actions/fonctions. Les travaux sur le sujet sont en cours de développement, mais on peut déjà proposer d'emprunter à la psychologie cognitive quelques-unes de ses astuces, comme le fait de donner à l'usager suffisamment d'exemples d'usages originaux afin de l'aider à se défixer et à laisser libre court à son imagination.

Les objets ne sont peut-être pas encore tous conçus pour renforcer efficacement notre créativité, mais nous comprenons de mieux en mieux les conditions à réunir pour qu'ils puissent devenir de véritables générateurs d'idées. Cette capacité de soutien à la créativité se démarque ainsi des fonctions plus classiques que nous attribuons d'ordinaire aux objets, comme donner l'heure, tenir chaud ou encore transmettre une information. Qualité à haute valeur ajoutée, cette capacité favorise la naissance de nouvelles générations de produits et de nouvelles méthodes d'innovation. Elle contribue également à alimenter la satisfaction, la joie ou encore la surprise que nous ressentons lorsque nous interagissons avec un produit. Ce soutien à la créativité se met très souvent au service d'un autre attribut exotique des objets : l'émotion.

CHAPITRE 8

Les émotions : génération d'idées 2.0

Une conception trop rationnelle ?

Nos objets du quotidien ont le plus souvent un destin peu palpitant : ils nous réveillent le matin, nous permettent de nous déplacer d'un endroit à un autre, nous indiquent le temps qu'il fait... La conception des objets est ainsi généralement guidée par une logique rationnelle qui se résume le plus souvent à imaginer comment satisfaire au mieux une tâche du quotidien, de la cuisine, à la lecture, en passant par l'écriture, le chauffage, l'approvisionnement en eau ou encore l'accès à Internet. Cependant, de plus en plus d'innovations essayent d'élargir l'éventail de fonctions de nos objets en leur donnant de nouvelles dimensions. Ces derniers doivent ainsi être plus respectueux de l'environnement, ne pas mettre en danger notre santé ou encore avoir un prix plus accessible. On attribue même des noms spécifiques pour désigner ces nouvelles qualités dans la conception d'un objet : on parlera par exemple d'« éco-conception » pour qualifier une conception limitant l'impact environnemental, ou bien de « conception *low cost* » pour une conception visant à minimiser les coûts.

Aujourd'hui, une autre qualité vient s'ajouter à ce panel de nouvelles fonctions : l'émotion. Bien moins rationnelle, elle joue un rôle essentiel dans notre perception des produits et services. Partant de ce constat, la conception sensorielle vise à stimuler nos cinq sens afin de provoquer une émotion qui renforcera notre appréciation du produit. Selon cette logique, les parkings Vinci diffusent de la musique classique afin de renforcer notre sentiment de confiance, et, de façon plus discrète, le centre commercial Beaugrenelle à Paris possède une signature olfactive à base de jasmin, de vanille et de patchouli qui incite subtilement ses clients à y passer plus de temps. Ces nouvelles approches de conception constituent ainsi autant de ressources permettant d'alimenter la production de bonnes idées.

Sous le coup de l'émotion

Essentielles à notre quotidien, les émotions font également partie intégrante de la conception de produits.

La joie, la surprise, la satisfaction, la fierté ou encore l'excitation sont autant de sentiments qui impactent fortement la façon dont nous interagissons avec un objet : l'odeur d'une voiture, la douceur des pages d'un livre ou encore la légèreté et la pureté des lignes de l'iPad sont capables de provoquer des émotions qui pourront nous décider à l'achat et influencer notre usage futur. Tenir compte du pouvoir des émotions est donc essentiel lorsque l'on imagine un nouvel objet. Ainsi, si une voiture a pour fonction principale de permettre à son passager de se déplacer d'un point A à un point B, elle aura également de nombreuses fonctions secondaires en lien avec une dimension émotionnelle, comme le fait de donner au conducteur un sentiment de confiance et de sécurité, d'offrir une conduite agréable ou excitante, ou encore d'être vecteur d'un certain statut social et donc de fierté. Lors de la conception d'un nouveau produit, les concepteurs s'appliquent ainsi à ce que l'objet conçu remplisse correctement sa fonction principale – sa raison d'être – tout en veillant à ce qu'il provoque également plusieurs sentiments ou sensations incarnés dans des fonctions secondaires.

Aujourd'hui, cette logique de conception est en train de s'inverser : l'émotionnel prend une nouvelle place dans la génération des innovations et la recherche d'idées nouvelles. Longtemps intégrée aux fonctions secondaires, l'émotion constitue aujourd'hui la principale raison d'être de certains objets. C'est notamment le cas de la LoveBox conçue pour être un vecteur d'amour : avant même d'imaginer quels en seraient les matériaux, la forme ou les composants technologiques, l'inventeur de cette boîte à amour connectée lui avait donné pour délicate mission de véhiculer un sentiment. Cette décision a, par la suite, intégralement guidé la conception de la LoveBox, du petit cœur pivotant pour signaler l'arrivée d'un message, au choix d'un bois provenant de la ville de Saint-Amour dans le Jura.

De la capacité émotionnelle des cuillères à café

Ainsi, partir d'une émotion et chercher à la provoquer à travers un objet pourrait bien constituer une nouvelle approche pour générer des idées originales et concevoir des produits inédits. Certains exemples contemporains sont notamment le fruit de cette logique de conception dont l'objectif principal est de créer une émotion. La chaîne de restaurants Le Pain Quotidien est ainsi née de la volonté du chef Alain Coumont de retrouver le goût du pain de son enfance : se rendant compte qu'il lui serait impossible de recréer cette saveur à l'identique sans reproduire également l'atmosphère qui lui était associée, il se mit en tête de concevoir une ambiance qui le replongerait dans le souvenir du restaurant de ses grands-parents.

Ainsi, Le Pain Quotidien, ses grandes tables d'hôtes à partager et ses bols pour servir le café ont-ils été imaginés afin de donner à chacun le sentiment de se sentir comme à la maison. Récemment, cette logique de conception par l'émotion a également donné naissance à un service de reconnaissance entre collègues imaginé par la start-up Cocoworker et baptisé « Kiff ». Cette application permet, entre autres, de remercier un collaborateur pour son aide, de souligner ses qualités humaines ou encore de distinguer son investissement personnel dans un projet collectif. Cocoworker entend ainsi développer le bien-être au travail en mettant l'accent sur un sentiment quelque peu négligé mais pourtant essentiel au bonheur individuel et à la bonne entente collective.

Lorsque l'émotion n'est plus cantonnée à des fonctions secondaires et devient l'objectif principal d'un objet, elle guide pleinement les choix réalisés par son concepteur. L'objet, encore au stade d'idée, peut alors librement dériver pour s'éloigner du domaine du connu. Imaginez, par exemple, que l'on demande à un inventeur de concevoir un vecteur de statut social générant de la fierté chez son propriétaire : il pourrait très bien proposer une voiture, une montre, un smartphone, mais, s'il se laisse guider purement par l'objectif émotionnel, il se dirigera probablement vers un objet radicalement nouveau. Sa logique de conception s'éloignera du raisonnement classique partant d'un objet prédéfini, comme la voiture ou la montre : le concepteur commencera par se renseigner sur les mécanismes sociaux et biologiques qui provoquent la sensation de fierté, il créera probablement une banque de connaissances répertoriant différents vecteurs de statut social en fonction de la communauté considérée, et il adoptera sans doute une approche empathique afin de proposer de nouvelles formes de produits capables de générer ce sentiment de fierté. En suivant une logique similaire, la société Babymoov a ainsi développé une veilleuse permettant à la fois de rassurer les enfants et de les rendre plus autonomes : elle comporte une poignée flexible qui permet de l'accrocher sur les barreaux d'un lit ou encore d'accompagner un enfant dans ses déplacements nocturnes.

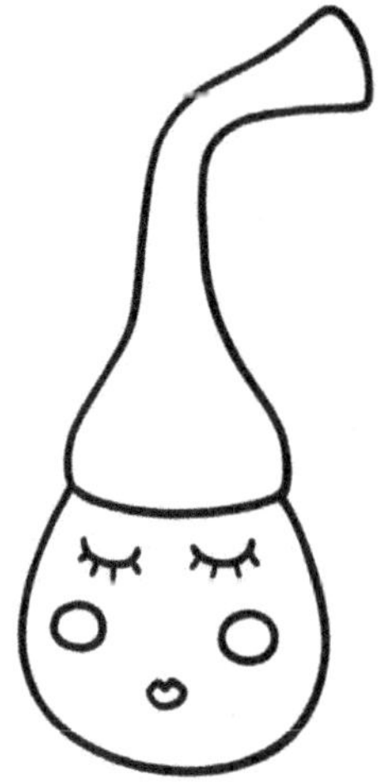

Comme pour les objets étranges, la valeur de telles inventions n'est pas toujours évidente à percevoir au premier abord. Cependant, il est indéniable que l'innovation émotionnelle remporte, elle aussi, le délicat pari de générer de nouvelles ruptures d'identité et de donner naissance à des idées radicalement surprenantes.

Conclusion

Selon la légende, c'est en prenant tranquillement son bain que le savant grec Archimède aurait découvert la force de poussée qui porte aujourd'hui son nom. Dans l'euphorie de la découverte, il aurait alors prononcé une formule demeurée célèbre: « Eurêka ! » (« J'ai trouvé ! »). Mais, loin d'avoir été un pur produit de la chance, cette heureuse découverte est en réalité l'aboutissement de longs mois passés par le savant à tenter de percer les lois de l'hydrostatique.

Ainsi, si la bonne idée nous frappe parfois au moment où nous nous y attendons le moins, sa naissance n'est pas pour autant le fruit du hasard: nos capacités d'observation, de déduction et d'expérimentation en sont les principales contributrices. Comme nous l'enseigne le conte des princes de Serendip, ces dernières permettent de métamorphoser un incident, en apparence anodin, en une déduction pertinente, une heureuse découverte ou encore une idée radicalement nouvelle. Et notre cerveau a bien besoin de développer une telle sagacité : naturellement fixé par ce qu'il connaît, presque condamné à générer des idées on ne peut plus classiques, ce dernier éprouve beaucoup de difficultés lorsqu'il s'agit de sortir des sentiers battus et d'imaginer un objet original. Par ailleurs, certains effets sociaux comme le conformisme, la paresse sociale ou encore le jugement négatif, peuvent encore venir aggraver ces difficultés : la façon dont nous nous organisons pour générer des idées joue un rôle presque aussi important que le raisonnement suivi pour les formuler. Si chacun peut adopter à sa propre échelle les réflexes lui permettant de se défixer, entreprises, organismes de recherche ou encore associations ont donc également un rôle important à jouer dans le développement de notre créativité collective.

Ce livre aura ainsi présenté quelques astuces permettant d'aider notre cerveau à développer sa créativité et à entretenir une mécanique de pensée favorable à l'innovation. Renforcer nos capacités créatives et conceptrices n'est certes pas une tâche facile, mais des stratégies pertinentes permettent cependant de systématiser la génération d'idées nouvelles : de l'entraînement de notre cerveau, à l'organisation réfléchie d'un groupe, en passant par des objets supports de la créativité ou encore l'innovation émotionnelle, il est possible d'adopter les bons réflexes pour mieux se défixer, proposer des bonnes idées et penser « hors de la boîte ». À l'aide de ces quelques astuces et d'un peu de pratique, trouver de bonnes idées deviendra très vite une science qui n'aura plus de secret pour vous !

Petit lexique de l'idéation (non exhaustif et sans prétention)

Bio-inspiration
La bio-inspiration désigne une inspiration venue de la nature. Elle résulte de l'observation des végétaux, des animaux, des minéraux ou encore des bactéries. Cette forme d'inspiration opère dans tous les domaines de la conception (musique, littérature, ingénierie, etc.) et s'appuie parfois sur le biomimétisme, un processus s'inspirant du vivant (notamment, de ses matériaux, formes et fonctions) pour créer des systèmes techniques.

Brainstorming
Pratiqué seul ou en groupe, le brainstorming correspond à un temps consacré à la génération d'idées. En collectif, il s'accompagne d'un certain nombre de règles destinées à favoriser l'originalité et la variété des idées proposées.

Cognition

La cognition désigne l'ensemble des raisonnements et opérations mentales qui se rapportent à la connaissance, tels que le langage, la perception, la mémoire ou encore la prise de décision. Les sciences cognitives se consacrent ainsi à l'étude de ces différents processus. Elles regroupent six disciplines : la psychologie, la philosophie, la linguistique, l'anthropologie, l'intelligence artificielle et les neurosciences.

Conception

Concevoir consiste à spécifier les propriétés d'un objet futur. La conception suppose d'acquérir de nouvelles informations, différentes de celles déjà connues, afin de pouvoir décrire ces propriétés. Elle s'oppose ainsi à la prise de décision où toute l'information nécessaire est supposée connue. *Voir aussi « Décision ».*

Conception innovante

On parle de « conception innovante » lorsque l'objet créé ou à créer possède une identité radicalement nouvelle. La conception innovante s'oppose ainsi à la conception réglée qui, elle, ne déstabilise pas l'identité des objets conçus. *Voir aussi « Conception réglée ».*

Conception réglée

La conception est dite « réglée » lorsque l'objet à concevoir possède une identité stable (c'est le cas par exemple lorsqu'un nouveau modèle de téléphone reprend une grande partie des caractéristiques du modèle précédent). Dans ce cas, il existe souvent des règles permettant de concevoir cet objet plus rapidement et plus efficacement. De telles règles de conception sont, en revanche, à créer dans le cas de la conception innovante, lorsque l'objet à concevoir est radicalement nouveau. *Voir aussi « Conception innovante »*.

Créativité
La créativité désigne une capacité à générer des idées inédites et surprenantes. En session de créativité, on s'affranchit momentanément de la prise en compte de critères de faisabilité ou de rentabilité afin de favoriser l'originalité des idées. La créativité constitue également un champ d'étude à part entière au sein des sciences cognitives. *Voir aussi « Conception »*.

Décision
La décision consiste à opérer un choix parmi des éléments (produits, concepts, propriétés, etc.) déjà conçus et/ou connus. *Voir aussi « Conception »*.

Défixation
La défixation désigne l'ensemble des méthodes permettant à notre cerveau de s'éloigner des solutions évidentes afin d'explorer des alternatives nouvelles. *Voir aussi « Fixation »*.

Design dominant
Le design dominant correspond à l'identité stabilisée d'un objet. On peut le définir en listant l'ensemble des caractéristiques invariantes au sein d'une même famille d'objets : par exemple, la voiture possède un design dominant qui lui attribue quatre roues, un volant ou encore un moteur. *Voir aussi « Identité de l'objet »*.

Empathie
L'empathie désigne la capacité à se mettre à la place d'une autre personne. Elle permet de mieux comprendre ses besoins, ses difficultés et ses attentes. L'empathie tient un rôle essentiel en innovation, car le nouvel objet conçu sera d'autant plus pertinent qu'il satisfait au mieux les attentes et les besoins de son destinataire.

Fixation
La fixation désigne un biais de raisonnement qui impacte nos capacités créatives. Lorsqu'il s'agit d'imaginer un objet radicalement nouveau, notre cerveau a naturellement tendance à proposer des solutions familières et peu originales. Cet ancrage du cerveau dans le connu est appelé « fixation ». S'éloigner de ses solutions automatiques et familières nécessitera alors un effort de raisonnement : la « défixation ». On retrouve le phénomène de fixation lorsqu'on innove, seul ou en groupe ; la fixation étant

en général renforcée par le collectif. Par ailleurs, les effets de fixation se manifestent aussi bien à l'échelle d'une session de créativité qu'à l'échelle d'un secteur d'innovation tout entier. *Voir aussi « Défixation ».*

Identité de l'objet
L'identité d'un objet désigne l'ensemble de ses propriétés essentielles. Elle comporte cinq grandes dimensions qui correspondent respectivement aux fonctions, à la valeur, aux technologies, au modèle d'affaires, ainsi qu'à l'imaginaire associés à l'objet. *Voir aussi « Design dominant », « Innovation radicale » et « Objet ».*

Imaginaire
L'imaginaire est l'ensemble des images, représentations et pratiques que nous associons à une notion, une époque, un lieu ou encore un objet. En créativité, la mobilisation des imaginaires (comme l'imaginaire spatial ou encore l'imaginaire médiéval) peut être très utile pour favoriser la génération d'idées originales et surprenantes.

Inhibition
L'inhibition désigne l'action enclenchée afin de freiner l'apparition d'un phénomène. En créativité, l'inhibition pourra désigner l'effort réalisé pour passer d'un mode de pensée intuitif à un mode de pensée réfléchi.

Innovation
On appellera « innovation » une invention qui a rencontré un marché, c'est-à-dire qui a été adoptée par un ou plusieurs utilisateurs. De façon générale, le mot « innovation » désigne à la fois l'action d'innover et son résultat.

Innovation radicale
Une innovation sera dite « radicale » si elle correspond à un objet qui présente une identité totalement nouvelle. L'innovation radicale s'éloigne ainsi du domaine du connu et apparaît comme très différente de ce qui existait auparavant. Elle s'accompagne, par ailleurs, de la création de nouveaux marchés et/ou de nouveaux usages. Dans les années 1950, le téléviseur constituait un très bel exemple d'innovation radicale. *Voir aussi « Identité de l'objet ».*

Objet
Dans cet ouvrage, le mot « objet » désigne indifféremment un produit, un service, un processus, un programme de recherche, un composant ou encore un concept abstrait. *Voir aussi « Identité de l'objet ».*

Objet générateur d'usage
Un objet est générateur d'usage lorsqu'il permet à un utilisateur de lui attribuer facilement de nouvelles fonctions et de nouvelles valeurs. Tous les usages possibles de l'objet ne sont donc pas connus à l'avance, et la plupart ne se présentent pas aux usagers de façon évidente.

Pensée convergente
La pensée convergente correspond à la faculté de générer la bonne réponse à un problème donné. Des questions comme « Combien font 2 + 2 ? » ou « Quelle est la hauteur du mont Everest ? » appellent une unique réponse et mobilisent la pensée convergente. *Voir aussi « Pensée divergente ».*

Pensée divergente
La pensée divergente consiste en une capacité à générer un grand nombre d'idées, les plus variées et les plus originales possible. La mesure de la créativité individuelle s'effectue souvent par une évaluation de la pensée divergente. *Voir aussi « Pensée convergente ».*

Résolution de problème
La résolution de problème, connue aussi sous le nom anglais de « *problem solving* », correspond à la recherche d'une solution remplissant des conditions données. Face à un problème et à un certain nombre de contraintes, la résolution de problème consistera en une exploration des solutions acceptables et retiendra la meilleure solution.

La conception innovante se distingue de la résolution de problème, dans le sens où la conception d'un nouvel objet peut être menée sans chercher à répondre à un problème donné ou à satisfaire au préalable à un ensemble de contraintes. Les contraintes, les exigences techniques, ou encore les critères de qualité associés à ce nouvel objet peuvent être, eux aussi, à concevoir.

Sérendipité

Inventé par Horace Walpole en 1754, le mot « sérendipité » désigne la faculté de découvrir, par sagacité et par hasard, ce que l'on ne cherchait pas. Ce mot fut inspiré d'un conte relatant les aventures des princes de Serendip, trois seigneurs qui se distinguent notamment par leurs grandes qualités d'observation et de déduction.

Remerciements

Au cours d'une longue période d'apprentissage du métier de chercheur, j'ai eu la chance de pouvoir enseigner quelques notions présentées dans ce livre à des étudiants qui, par leur enthousiasme et par leur curiosité, poussent toujours leurs enseignants à améliorer leur discours, tant dans le contenu que dans la forme. Ces notions, il m'a rapidement semblé important de chercher à les vulgariser et de tenter de les compléter. Les cours et les formations donnés par la suite m'ont confortée dans ce choix. Aussi ce livre a-t-il été avant tout pensé pour initier de façon agréable et ludique toute personne s'intéressant à l'innovation et à la maîtrise de sa belle mécanique, quels que soit son métier ou sa formation, jeune comme moins jeune, fondamentalement créative, ou au contraire pas du tout, mais pourquoi pas, désirant le devenir. Mes premiers remerciements vont donc tout naturellement à mes élèves qui m'ont, les premiers, donné le goût du partage et de la transmission.

Je remercie également mes anciens collègues et amis de l'École des Mines de Paris pour m'avoir ouvert les portes du monde fabuleux de la génération d'idées. Leurs travaux dans ce domaine sont véritablement remarquables.

Merci à mon collègue et ami Olivier, chercheur au LRGP et enseignant à l'ENSGSI de Nancy, pour avoir été le premier à m'encourager à écrire un livre sur la génération d'idées innovantes.

Je remercie aussi les enseignants et les chercheurs du Cnam, de Polytechnique, de Dauphine, d'AgroParisTech et de l'INRA qui contribuent activement à développer la recherche sur cette thématique et qui m'ont beaucoup appris. Je remercie tout particulièrement Marianne, Marie-Hélène et Jean-Marc qui ont initié plusieurs projets cités dans ce livre : travailler avec eux a été un véritable plaisir.

Merci à Laurence et Laura avec lesquelles j'ai découvert le pouvoir de l'imaginaire sur notre créativité.

Mille mercis à tous les contributeurs d'Ulule qui, par leur soutien, ont permis de donner une première vie à ce livre. La campagne réalisée à leurs côtés a été une magnifique expérience. Notamment, un grand merci aux amis, aux collègues et aux membres de ma famille ayant encouragé ce défi un peu fou : Alain, Aurélie, Brigitte, Jean, Cécile, Asma, Fatima, Yanyan, Milena, Juliette, Laure, Benjamin, Daniel,

Laura, Elsa, Alexandra, Violaine, Florent, Simone, Nicolas, Olivier, Francine, Martine, David, Philippe, Patrick, Andreas, Étienne, Kenza, Rémi, Rachelle, et bien sûr toi, Papa.

Je remercie chaleureusement ma maison d'édition, Diateino, et tout particulièrement Louise, mon éditrice, pour avoir cru en ce projet de livre et lui avoir donné une nouvelle impulsion. Je lui suis infiniment reconnaissante pour ses conseils et sa confiance. Merci aussi à Clara pour tout le travail réalisé sur la maquette du livre. Je remercie également Albert pour avoir accepté de rédiger la préface de cet ouvrage. J'ai hâte d'en savoir plus sur les mécanismes du cerveau grâce à ses recherches.

Enfin, merci de tout cœur à ma mère, Virginie, et à mon merveilleux compagnon, Vincent, pour m'avoir soutenue dans ce projet et s'être prêtés avec patience à l'exercice délicat de la relecture. L'amour qu'ils me donnent au quotidien a été indispensable à la réalisation de ce livre.

À tous, un immense merci !

Références bibliographiques

Les principales références scientifiques de ce livre ont été rassemblées dans la liste ci-dessous. Le lecteur curieux y trouvera des informations utiles à l'approfondissement de certaines notions et méthodes.

Chapitre 1 – Chasseurs d'idées

Agogué, M., Hooge, S., Arnoux, F., et Brown, I., *An introduction to innovative design: Elements and applications of CK theory*, Presse des Mines, 2014.

Christensen, C. M., Raynor, M. E., et McDonald, R., "What is disruptive innovation", *Harvard Business Review*, 93(12), 44-53, 2015.

Jansson, D. G., et Smith, S. M., "Design fixation", *The Design Studies*, 12(1), 3-11, 1991.

Jaruzelski, B., et Dehoff, K., "Smart Spenders: The Global Innovation 1000", *strategy+business*, 2006.

Kim, W. C., et Mauborgne, R. A., *Blue ocean strategy: How to create uncontested market space and make the competition irrelevant*, Harvard business review Press, 2005.

Moore, G. A., *Crossing the chasm*, Harper, 2002.

Rogers, E. M., *Diffusion of innovations*, Simon and Schuster, 2003.

Sternberg, R. J., et Lubart, T. I., "The concept of creativity: Prospects and paradigms", *Creative Education*, 1, 3-15, 1999.

Chapitre 2 – La bonne idée « par hasard » : mythe ou réalité ?

Benyus, J. M., *Biomimicry: Innovation inspired by nature*, William Morrow, 2002.

Bosenman, M. F., "Serendipity and scientific discovery", *The Journal of Creative Behavior*, 22(2), 132-138, 1988.

Catellin, S., *Sérendipité : Du conte au concept*, Le Seuil, 2014.

De Rond, M., "The structure of serendipity", *Culture and Organization*, 20(5), 342-358, 2014.

Yaqub, O., "Serendipity: Towards a taxonomy and a theory", *Research Policy*, 47(1), 169-179, 2018.

Chapitre 3 – Votre mission si vous l'acceptez : renouveler le connu

Abernathy, W. J., et Utterback, J. M., "Patterns of industrial innovation", *Technology review*, 80(7), 40-47, 1978.

Couturier, E., *Talk about design*, Flammarion, 2010.

Garel, G., et Mock, E., *The innovation factory: Taking the plunge*, Auerbach Publications, 2016.

Henderson, R. M., et Clark, K. B., "Architectural innovation: The reconfiguration of existing product technologies and the failure of established firms", *Administrative Science Quarterly*, 9-30, 1990.

Le Masson, P., Weil, B., et Hatchuel, A., *Strategic management of innovation and design*, Cambridge University Press, 2010.

Moussart, A., Even, M. N., et Tivoli, B., "Reaction of genotypes from several species of grain and forage legumes to infection with a French pea isolate of the oomycete Aphanomyces euteiches", *European Journal of Plant Pathology*, 122(3), 321-333, 2008.

Chapitre 4 – La fixation, ou quand notre cerveau n'arrive pas à innover

Adamson, R. E., "Functional fixedness as related to problem solving: A repetition of three experiments", *Journal of Experimental Psychology*, 44(4), 288, 1952.

Agogué, M., *Modéliser l'effet des biais cognitifs sur les dynamiques industrielles : Innovation orpheline et architecte de l'inconnu*, École Nationale Supérieure des Mines de Paris, 2012.

Agogué, M., Kazakçi, A., Hatchuel, A., Le Masson, P., Weil, B., Poirel, N., et Cassotti, M., "The impact of examples on creative design: Explaining fixation and stimulation effects", *The Journal of Creative Behavior*, 48(1), 1-12, 2014.

Duncker, K., et Lees, L. S., "On problem-solving", *American Psychological Association*, 58(5), 1945.

Frederick, S., "Cognitive reflection and decision making", *Journal of Economic perspectives*, 19(4), 25-42, 2005.

German, T. P., et Defeyter, M. A., "Immunity to functional fixedness in young children", *Psychonomic Bulletin & Review*, 7(4), 707-712, 2000.

Grant, E. R., et Spivey, M. J., "Eye movements and problem solving: Guiding attention guides thought", *Psychological Science*, 14(5), 462-466, 2003.

Guilford, J. P., *The Nature of Human Intelligence*, McGraw-Hill, 1967.

Miller, G. A., "The cognitive revolution: A historical perspective", *Trends in Cognitive Sciences*, 7(3), 141-144, 2003.

Piaget, J., *La Naissance de l'intelligence chez l'enfant*, Delachaux et Niestlé, 1977.

Smith, S. M., Ward, T. B., et Schumacher, J. S., "Constraining effects of examples in a creative generation task", *Memory & Cognition*, 21(6), 837-845, 1993.

Torrance, E. P., *Guiding creative talent*, Englewood Cliffs, 1962.

Ward, T. B., "Structured imagination: The role of category structure in exemplar generation", *Cognitive Psychology*, 27(1), 1-40, 1994.

Chapitre 5 – Trucs et astuces pour trouver tout seul de bonnes idées

Brun, J., *Modéliser le pouvoir expansif de la structuration des connaissances en conception innovante : Mise en évidence des effets génératifs du K-preordering grâce à l'étude du non-verbal*, PSL Research University, 2017.

Buchanan, R., "Wicked problems in design thinking", *Design Issues*, 8(2), 5-21, 1992.

Cropley, A., "In praise of convergent thinking", *Creativity Research Journal*, 18(3), 391-404, 2010.

Dorst, K., "The core of 'design thinking' and its application", *Design Studies*, 32(6), 521-532, 2011.

Hatchuel, A., et Weil, B., "CK design theory: An advanced formulation", *Research in Engineering Design*, 19(4), 181, 2009.

Potier, O., Brun, J., Le Masson, P., et Weil, B., "How innovative design can contribute to Chemical and Process Engineering development? Opening new innovation paths by applying the C-K method", *Chemical Engineering Research and Design*, 103, 108-122, 2015.

Kelley, T., et Littman, J., *The Art of Innovation: Lessons in Creativity from IDEO*, Currency, 2001.

Shai, O., Reich, Y., Hatchuel, A., et Subrahmanian, E., *Creativity theories and scientific discovery: A study of C-K theory and infused design*, International Conference on Engineering Design, 2009.

Van der Lugt, R., "Brainsketching and how it differs from brainstorming", *Creativity and Innovation Management*, 11(1), 43-54, 2002.

Vourc'H, G., Brun, J., Ducrot, C., Cosson, J. F., Le Masson, P., et Weil, B., "Using design theory to foster innovative cross-disciplinary research: Lessons learned from a research network focused on antimicrobial use and animal microbes' resistance to antimicrobials", *Veterinary and Animal Science*, 2018.

Chapitre 6 – Explorer collectivement l'inconnu

Brun, J., Jeuffroy, M-H., Meynard, J-M., et Pénicaud, C, *Les Ateliers agrifood : Reconnecter la recherche sur la production agricole et la transformation alimentaire*, rapport IDEAS-INRA-AgroParisTech, 2019.

De Bono, E., "Serious creativity", *The Journal for Quality and Participation*, 18(5), 12, 1995.

De Bono, E., *Six thinking hats*, Penguin, 2009.

Delannoy, I., *L'Économie symbiotique : Régénérer la planète, l'économie, la société*, Actes Sud, 2017.

Diehl, M., et Stroebe, W., "Productivity loss in brainstorming groups: Toward the solution of a riddle", *Journal of Personality and Social Psychology*, 53(3), 497, 1987.

Elmquist, M., et Segrestin, B., "Sustainable development through innovative design: Lessons from the KCP method experimented with an automotive firm", *International Journal of Automotive Technology and Management*, 9(2), 229-244, 2009.

Gillier, T., Piat, G., Roussel, B., et Truchot, P., "Managing innovation fields in a cross-industry exploratory partnership with C–K design theory", *Journal of Product Innovation Management*, 27(6), 883-896, 2010.

Hooge, S., Agogué, M., et Gillier, T., *A new methodology for advanced engineering design: Lessons from experimenting C-K Theory driven tools*, International Design Conference Design, 2012.

Karau, S. J., et Williams, K. D., "Social loafing: A meta-analytic review and theoretical integration", *Journal of Personality and Social Psychology*, 65(4), 681, 1993.

Kohn, N. W., et Smith, S. M., "Collaborative fixation: Effects of others' ideas on brainstorming", *Applied Cognitive Psychology*, 25(3), 359-371, 2011.

Latané, B., "The psychology of social impact", *American Psychologist*, 36(4), 343, 1981.

Le Du, L., *Modéliser l'expansion des imaginaires en conception : Dynamique des imaginaires, ingénierie de stimulation et nouvelles organisations de l'innovation*, Thèse, 2017.

Osborn, A. F., *Applied imagination*, Scribner, 1953.

Chapitre 7 – Objets générateurs d'idées

Benade, M., Brun, J., Brown, I., Le Masson, P., Weil, B., et Piller, F., *How smart products with built in flexibility empower users to self-design their uses?: A theoretical framework for use generation*, Conférence, 2016.

Brown, I., *Entre firme et usagers : Des biens génératifs d'usages*, École Nationale Supérieure des Mines de Paris, 2013.

Franke, N., et Piller, F., "Value creation by toolkits for user innovation and design: The case of the watch market", *Journal of Product Innovation Management*, 21(6), 401-415, 2004.

Thomke, S., et Von Hippel, E., "Customers as innovators: A new way to create value", *Harvard Business Review*, 80(4), 74-85, 2002.

Von Hippel, E., "User toolkits for innovation", *Journal of Product Innovation Management*, 18(4), 247-257, 2003.

Von Hippel, E., et Katz, R., "Shifting innovation to users via toolkits", *Management Science*, 48(7), 821-833, 2002.

Chapitre 8 – Les émotions : génération d'idées 2.0

Chen, M. K., « Le low cost comme stratégie de conception », *Vie & Sciences de l'entreprise*, (2), 34-48, 2017.

Darwin, C., *The expression of the emotions in man and animals*, Oxford University Press, 1998.

Herbeth, N., Charue-Duboc, F., et Manceau, D., « Intégrer les émotions dans le développement de nouveaux produits – Application à l'automobile », *Revue Française de Gestion*, 42(255), 89-104, 2016.

Khalid, M. H., et Helander, M. G., "Customer emotional needs in product design", *Concurrent Engineering*, 14(3), 197-206, 2007.

Khalid, H. M., et Helander, M. G., "A framework for affective customer needs in product design", *Theoretical Issues in Ergonomics Science*, 5(1), 27-42, 2004.

Lokman, A. M., et Kamaruddin, K., Kansei affinity cluster for affective product design, Conférence, pp. 38-43, 2011.

Schifferstein, H. N., "From salad to bowl: The role of sensory analysis in product experience research", *Food Quality and Preference*, 21(8), 1059-1067, 2010.

Schütte, S. T., Eklund, J., Axelsson, J. R., et Nagamachi, M., "Concepts, methods and tools in Kansei engineering", *Theoretical Issues in Ergonomics Science*, 5(3), 214-231, 2007.

Imprimé en France par CPI
en novembre 2019

Dépôt légal : novembre 2019
N° d'impression : 155404